忠骨丹心

记郝为民先生

编——中国通信企业协会——

人民邮电出版社
北京

图书在版编目（ＣＩＰ）数据

忠骨丹心：记郝为民先生 ／ 中国通信企业协会编
. —— 北京：人民邮电出版社，2020.1
ISBN 978-7-115-52988-6

Ⅰ．①忠… Ⅱ．①中… Ⅲ.①郝为民—生平事迹
Ⅳ．①K826.16

中国版本图书馆CIP数据核字(2019)第273434号

内 容 提 要

本书以纪实文学的形式，记叙了郝为民半个世纪的人生经历，讲述他如何从一个贫苦的蒙古族少年，在党的教育和关怀下幸福生活、苗壮成长、历尽坎坷、矢志不渝、爱党爱国、痴心不改、自强不息、不懈奋斗，成长为通信专家和通信运营企业高级管理人员，为中国通信事业做出卓越贡献的故事。

本书适合通信行业从业者及对通信行业感兴趣的读者阅读，是全面了解新中国成立 70 年以来，特别是改革开放以来通信行业发展的通俗读物。

◆ 编 中国通信企业协会
责任编辑 王建军
责任印制 彭志环

◆ 人民邮电出版社出版发行 北京市丰台区成寿寺路 11 号
邮编 100164 电子邮件 315@ptpress.com.cn
网址 http://www.ptpress.com.cn
天津市豪迈印务有限公司印刷

◆ 开本：787×1092 1/16
印张：18.25 2020 年 1 月第 1 版
字数：236 千字 2020 年 1 月天津第 1 次印刷

定价：108.00 元

读者服务热线：(010)81055493 印装质量热线：(010)81055316
反盗版热线：(010)81055315

谨以此书

献给为新中国通信事业而
坚守、奋斗、奉献的人们

编写委员会

主　　　任：苗建华（中国通信企业协会会长）

副 主 任：赵中新（中国通信企业协会副会长兼秘书长）

成　　　员：李北林（中国通信企业协会副秘书长）

　　　　　　柏国林（中国通信企业协会副秘书长）

　　　　　　栾正禧（原邮电部电信总局局长）

　　　　　　王洪建（原中国电信集团公司国际部总经理）

　　　　　　姚发海（中国卫通股份有限公司副总级调研员兼科技委主任）

　　　　　　胡鲁历（原中国东方通信卫星有限责任公司副总经理）

　　　　　　李洪明（原中国东方通信卫星有限责任公司总会计师）

　　　　　　杨晋儒（原邮电部软件中心副总工程师）

　　　　　　屈新民（内蒙古自治区通信行业协会秘书长）

总 编 辑：赵中新

执行副总编：孙明海

编　　　撰：赵俊淇（中国通信企业协会秘书长助理兼综合业务发展部主任）

　　　　　　李国旺（中国通信企业协会咨询调研部主任）

　　　　　　陈梅香（中国通信企业协会办公室主任）

　　　　　　姚凤英（郝为民夫人）

序 / Preface

中国通信企业协会组织编写的《忠骨丹心——记郝为民先生》一书，对郝为民同志的一生以纪实形式进行了回顾与总结，这不仅仅是对郝为民同志的人生总结，也是对郝为民同志先进事迹的总结，更是通过对郝为民同志的总结展现新中国通信业 70 年来大发展、大跨越的光辉历程。中国通信企业协会邀请我为本书作序，我欣然接受并借此机会谈谈中国通信业的发展成就以及中国通信人的奉献精神。

新中国成立 70 年来，中国通信业从最原始的摇把子电话、架空明线到拥有具有国际先进水平的现代化电信网络；从单一的电报、电话业务时代到任何时间、任何地点，为任何个人提供多样化、个性化服务的万物互联时代，这是一条艰难起步、曲折发展、辉煌跃进的中国通信业发展之路。中国通信业在各个岗位上无私奋斗与奉献的中国通信人，他们当中有很多像郝为民同志一样的奋斗者和奉献者，正是这些中国通信人，推动了中国通信业不断前进，跻身世界先进水平，取得了辉煌成就。在新中国成立 70 周年之际，中国通信企业协会编写《忠骨丹心——记郝为民先生》一书是很有意义的事情。

星空万古如初，梦想永不褪色。《忠骨丹心——记郝为民先生》一书总结出的中国通信人精神，是年轻从业者行事的典范，更是中国通信业持续前行的动力。我希望中国通信业在未来的发展中涌现出更多的"郝为民同志"。致敬过去的最好方式是创造新的辉煌。站在新时代的坐标上，希望中国通信业"不忘初心、牢记使命"，为信息通信业高质量、跨越式发展谱写更优美的华彩乐章。最后，感谢中国通信企业协会为行业发展进步所做的工作，感谢《忠骨丹心——记郝为民先生》编委会全体成员付出的辛苦努力。

　　寥寥数语，是为序。

吴基传

于 2019 年 9 月

目录 / Contents

第一章

新中国少年

1943 年，8 岁的蒙古族少年舍愣巴拉珠尔的父亲郝庆瑞去世了，从此，他和母亲玲舍玛相依为命，在凄风苦雨中，饱尝生活的艰辛和世态炎凉。

那时，舍愣一家住在黑龙江省肇源县头台镇瓦房村，这是个蒙汉杂居、半农半牧的村庄，坐落在松花江流域一片水草丰美的地方。舍愣的祖上是蒙古部落的一个分支，很久以前定居在肇源。1956 年之前，肇源被称作郭尔罗斯后旗，这是个很古老的地名，源于蒙古豁罗剌思部落。史家考证，豁罗剌思与郭尔罗斯是同名异记，明清以后均称"豁罗剌思"为"郭尔罗斯"。舍愣出生于 1935 年 12 月 13 日。

少年舍愣

舍愣就是本书的主人公郝为民。他生在瓦房村的一个殷实之家，父亲和大伯、叔叔们同住在一个大院子里，院子里有粮囤、大牲畜、马车、马厩、水井和碾子，还有满地跑的鸡鸭和狗，屋檐下有燕子做的窝。父亲郝庆瑞每天赶着马车，甩着响鞭，载着粮食进城送货、做生意。回家时父亲会偷偷地给小舍愣带些玉米烙、奶豆腐、炸果子，舍愣非常喜欢吃。后来，父亲郝庆瑞因病去世。

母亲玲舍玛料理完父亲的后事，也一病不起。家里的天塌了，这个屏弱的蒙古族妇女怎么能撑得起这个家，她面无血色、气若游丝，就要追随丈夫去了。伯伯、叔叔、舅舅们都在准备着母亲的后事，寿材已摆在当院。小舍愣不知所措，看着大人们进进出出地忙活着，看着昏迷不醒的母亲，他还不太懂得他将面临什么。也许是上天垂怜小舍愣，也许是母亲割舍不下小舍愣，母亲玲舍玛最终活了下来。

二哥拉玛扎布

说起郝家，当时在郭尔罗斯后旗是很有地位的一族，这得从一个故事说起。

成吉思汗二弟哈萨尔十八世孙布本巴，顺治五年（1648 年）被封以郭尔罗斯后旗札萨克镇国公爵位。布本巴虽为贵族，但对嫂子很刻薄，给她分拨的养身地，量少而质薄；分给的奴仆老弱不堪，最后竟将嫂子赶出旗王府。嫂子独自生活，日子艰难，整日愁眉苦脸。一个初秋之晚，忽闻远处呱嗒板声音，她看见一位身材顾长的老者，老者与她攀谈了起来。老者问道："家有几口人？"嫂子伤心落泪，哽咽着将详情倾诉给先生。老者为之流下了眼泪，提出愿认女子为义女。她万分高兴，当即摆下酒席，给义父行礼并一再挽留，义父住了半个多月，临行前在一块黄缎布上写了封信，嘱咐她有为难之事，带信去京城找官府就行了。

义父原来是康熙皇帝，他南巡苏州、曲阜后，转而北上来到郭尔罗斯后旗北境布本巴寡嫂所居之屯。康熙走后三年，义女生活越加艰难，想起义父临走时的交代，就揣上书信，套上马车，带着仆人去了京城……康熙将她接进宫来，给她安排了下榻之所。她在皇宫住了 11 年，之后求见父皇要回故地生活。康熙准她回吉林那日汗娘家住地，封她为那日汗公主。公主死后葬于附近的大岗子上，即肇源县头台镇南的瓦房屯。康熙得知公主噩耗，颁下圣旨，命扶余和郭尔罗斯后旗安葬好公主，修建公主陵墓，建公主陵庙。封领地中的何、郝、单姓为公主世传守陵人。郝为民的祖上就是那日汗公主的守陵人。

小舍愣生逢乱世，许多事情还不懂，却有深深的恐惧感。一天夜里，他听到县城方向传来像鞭炮的声音，母亲告诉他这不是鞭炮声是枪声，不知道哪里又在打仗。许多年后，舍愣的叔伯二哥拉玛扎布告诉他，那是东北抗日联军联合抗日义勇军攻打郭尔罗斯后旗的战斗。战斗发生在1940年11月8日，20名战士组成突击队，占领了制高点，后一举攻克县城，9日清晨，郭尔罗斯后旗满城都是人，喜气洋洋、欢庆胜利。之后，一首《肇源战役歌》在三肇地区广为传唱。

东洲源，烽火燃，

热血男儿齐向前。

松江大草原，

冰天雪地间。

英雄豪气壮，

日寇心胆寒。

战马嘶，军号鸣，

抗日联军大进攻。

打垮汉奸队，

消灭鬼子兵。

拿下肇源城，

万民齐欢腾。

舍愣在贫寒、动乱、兵燹四起的环境中慢慢长大。舍愣原来有三个姐姐，都夭折了。他有两个叔伯哥哥，大哥叫拉克沁必力，二哥叫拉玛扎布。拉玛扎布长舍愣几岁，舍愣从小喜欢二哥，二哥也喜欢他。拉玛扎布经常带着他下河捞鱼，上树掏鸟蛋，场院捕麻雀。舍愣很自豪，有二哥的呵护，村里的小孩不敢欺负他，他还跟二哥习武。舍愣见二哥穿着蒙古袍，骑着一匹小青马，来来往往很威风，就央求二哥教他骑马，二哥起初不答应，可架不住舍愣的纠缠，就偷偷地把他带到村外草甸上练骑马。舍愣个子小，上不去马，二哥就把他抱上马背。不到十岁的小舍愣好几次被小青马甩了下来，重重地摔在地上，弄得鼻青脸肿，但他不怕，终于驯服了小青马，开始驰骋在郭尔罗斯后旗的大草原上。有一天，二哥悄悄地对他说："我送你一样好东西啊。"舍愣面露惊喜："啥好东西？"二哥从小青马背上取来了一个麻布包，打开是一支木制小马枪，枪身涂着黑色，还有一个背带。舍愣背在身上，跨上小青马，二哥连连夸赞舍愣好神气！像个小战士。舍愣爱上了骑马，尤其是挎上枪骑马。

抗战胜利前夕，二哥拉玛扎布告别了瓦房村的父老乡亲向西走了，小舍愣心里非常难过，跟着大人们送二哥，二哥走远了，他攀上村口的一棵大榆树，目不转睛地看着二哥渐渐走远，人影越来越小，最后消失在枯黄田野的尽头。他牢牢地记住了二哥临走前跟他说的话："用功读书，做个有用的人。"

拉玛扎布参加了东蒙古人民自治军骑兵第一师，划归中共西满军区领导和指挥，后改为内蒙古人民自卫军骑兵第一师；1948年1月，改称内蒙古人民解放军骑兵第一师，列入东北野战军序列。拉玛扎布先在东蒙军政干校当队长，1947年选派到齐齐哈尔东北军政大学学习，毕业后分配到内蒙古骑兵一师，历任作战参谋、侦察参谋，1948年3月，任骑兵一师二团三连连长。他埋头苦干，作风扎实，团结同志，爱护战士，不到3个月，就把三连带成模范连队。

后来，二哥在解放战争中壮烈牺牲。小舍愣听母亲说，拉玛扎布牺牲后，是她去领的通知书。大伯母收到二哥拉玛扎布的阵亡通知书，当即就哭得昏了过去，二哥新婚不久的妻子痛不欲生。《内蒙古日报》报道了拉玛扎布的英雄事迹，题目是《不朽的拉玛扎布》。战后，内蒙古军区给拉玛扎布追记战斗三等功，授予"人民烈士""战斗英雄"等光荣称号。舍愣为失去二哥哭了好几次，也为有这样的二哥感到非常自豪，他发誓要做像二哥这样对国家有用的人。拉玛扎布的雕像摆放在锦州的辽沈战役纪念馆里，纪念馆还陈列着拉玛扎布生前用过的马刀、鞍具和军装。多年后，郝为民专程到辽宁锦州的辽沈战役纪念馆拜谒二哥，拉玛扎布的雕像和东北民主联军炮兵司令员朱瑞将军，以及杨子荣、董存瑞、李兆麟等 28 位英雄并列在一起。

在锦州辽沈战役纪念馆拜谒二哥拉玛扎布

保卫新中国

1947 年，舍愣的哥哥们将舍愣的二大爷、二大娘和堂弟接到了内蒙古乌兰浩特，舍愣母子也随他们离开了肇源瓦房村，他们先坐摆渡船过了松花江，一路西行而去，坐汽车、坐马车，最后坐勒勒车，有时还要步行。

扎萨克图郡王二百多年前在乌兰浩特建有家庙，因此，乌兰浩特也被称为王爷庙。二大爷把舍愣和母亲安顿在一间低矮、简陋的房子里，墙壁漏风、屋顶漏雨，但好在环境稳定。舍愣上了蒙古族小学，母亲给有钱人家浆洗、缝纫、做佣人，赚些微薄的收入维持生活，供小舍愣读书。这时，舍愣的大哥、二哥都参加了革命，三哥在扎兰屯读书，堂姐们到齐齐哈尔读书。

1948 年 11 月 2 日，东北野战军解放沈阳，辽沈战役胜利结束。捷报传来，乌兰浩特各族人民欢欣鼓舞。小学生舍愣和同学们参加了庆捷大会，市长在市民集会上作了《我们的十万和敌人的百万作斗争》的报告，市长的讲话不断被市民雷鸣般的掌

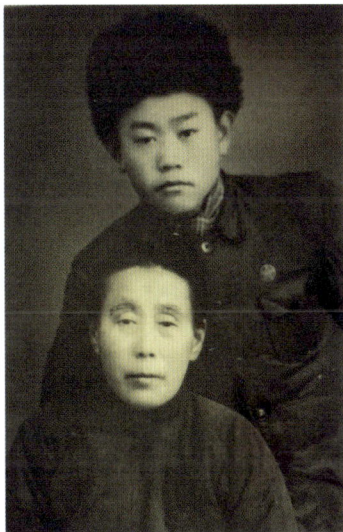

舍愣和母亲玲舍玛

声和呼喊声所打断。大会在《没有共产党就没有新中国》的歌声中结束。11 月的乌兰浩特已刮起凛冽的西北风，但阻挡不住祝捷秧歌队的锣鼓和唢呐声，人们走上街头欢庆胜利、庆祝解放。当天晚上，全城鼓乐喧天，热闹非凡，各族民众身着盛装、载歌载舞，每人手拿提灯扭起秧歌，跳起舞蹈，一直狂欢到深夜。舍愣兴奋得脸蛋红红的，虽然他还不能完全理解解放的含义，但他觉得生活在发生着变化。

1949 年秋天，舍愣考入乌兰浩特市兴安中学。秋高气爽的一天，师生们奔走相告，中华人民共和国要成立了！1949 年 10 月 1 日这天，乌兰浩特的天瓦蓝瓦蓝的，云雪白雪白的。中午时分，乌兰浩特临街各大商店的收音机响了起来，市民从四面八方蜂拥而至，每台收音机前都聚集着许多市民，小舍愣也夹杂在人群里，翘首盼望着收听开国大典的实况转播。当天 15:00，收音机中传出天安门广场海啸般的欢呼声，毛主席宣布："中华人民共和国中央人民政府今天成立了！"紧接着，收音机里传来了雄壮的《义勇军进行曲》，舍愣才知道这是中华人民共和国国歌。播音员兴奋地播报，毛泽东主席亲手升起了新中国第一面五星红旗！顿时，乌兰浩特的大街小巷沸腾了，欢呼、呐喊、鼓掌、握手、拥抱，共同庆祝这历史性的一刻。乌兰浩特的大街小巷贴满了"中国人民大团结万岁！""中华人民共和国万岁！"的大红标语。入夜后，全城灯火辉煌，盛大的提灯游行开始了。解放军走在游行队伍最前面，他们高举国旗，头戴钢盔，全副武装，接着是工人、农民、学生、店员和居民队伍。市民有的手持国旗，有的敲锣打鼓，有的提着红五角星灯，有的抬着领袖巨幅画像，有的沿路边走边表演文艺节目，队伍浩浩荡荡，歌曲声、锣鼓声、口号声、鞭炮声响彻云霄。乌兰浩特沸腾了，舍愣终生难忘。1949 年 10 月 2 日，乌兰浩特举行"保卫世界和平、庆祝中国人民政协会议成功和中央人民政府成立"大会，乌兰浩特彩旗招展，锣鼓震天，部队、团体、学校、工厂、农村和各行业商会都在喜气洋洋地准备参加集会游行。当天下午，舍愣和同学们手持国旗，敲锣打鼓，唱着歌走进兴安北路东侧的人民广场，这里红旗如林，人山人海。10 月 2 日 16:00，鲜艳的五星红旗升起，鸣炮奏乐 5 分钟，数百只和平鸽腾空而起，在会场上空飞翔。

兴安中学也举行了升旗仪式。同学们整齐地站在操场上，校长大声说："咱们的毛主席在北京城宣布中华人民共和国中央人民政府成立了，亲手升起了新中国第一面五星红旗……"14 岁的舍愣终于近距离见到了五星红旗，它在蓝天的掩映下是那样鲜艳夺目，不禁令舍愣激情澎湃，浮想联翩。想到自从上了兴安中学，校长、班主任、辅导员那么和蔼可亲，同学之间那么友好互爱，舍愣觉得一切都是新的，与以往完全不同了。不同的还有母亲玲舍玛，她脸上出现越来越多的笑容，舍愣从心里感到很温暖、很舒服，他真切地感到新中国好，新中国的人也好。

蓝天下，一队雁阵鸣叫着向东南飞去，舍愣就想着能像大雁那样自由自在地飞翔该有多好。从这一刻起，舍愣立志学好本领，学会"飞翔"，做个于国有用的人。

快乐的日子过得快，转眼就到了 1950 年，暑假时，学校组织扎兰屯夏令营。舍愣是品学兼优的好学生，他第一次乘坐火车出行，来到了塞上小江南扎兰屯。他和老师、同学们在扎兰屯的月亮湖、老虎洞、九龙泉、水帘洞度过了他童年最美好的日子。少年舍愣从心底里感激新中国带来的新生活。夏令营结束后，他们一行人在返回王爷庙的途中，在齐齐哈尔昂昂溪换车，舍愣听人说朝鲜爆发了战争。领队老师听说当地政府要召开声援朝鲜人民反侵略斗争大会，就带领全体营员参加。舍愣当时心里想，我要保卫新生活，保卫新中国。

新学期开学不久，学校举行庆祝新中国成立一周年联欢会，舍愣所在班级表演叠罗汉节目，最上边是小舍愣，因为他年龄小、个子矮、体重轻，这个节目获得了满堂彩。当时，学校在课余时间组织党史知识学习，组织开展一些活动，舍愣都积极参加。国庆节过后不久，舍愣听说中国组成了志愿军奔赴朝鲜前线。一天，班主任急匆匆地走进教室，先宣读了手里的文件，是内蒙古自治区党委的通知："根据抗美援朝战争的需要，选拔中学生到解放军通信工程学校学习无线电技术，毕业后上朝鲜前线。"解放军的学校在什么地方，学习多长时间，文件上都没说。老师号召同学们响应党的号召，积极报名参军，学习本领，保家卫国。舍愣心动了，他从小喜欢无线电，上小学时就安装了矿石收音机，如果到部队学会了无线电技术，自己一定能成为对国家有用的人。舍愣还听老师说，到军校学习算参加工作，军校吃饭穿衣读书都不要钱，每月还发津贴。舍愣想，有了津贴，自己就可以养活母亲了，母亲不用再辛苦干活养活自己了。舍愣当即就报了名。

舍愣对玲舍玛说："额吉，我长大了，不能再靠你养活了，我要参军去军校，去工作，去挣钱养活你。"玲舍玛看着稚气未脱的舍愣说："你现在还小，还不到养活我的年纪，要好好读书，不要想别的。"舍愣想，这下可糟了，我都跟老师报名参军了，母亲不同意，我可怎么跟老师说啊。心里想着眼泪就落了下来。"好不容易有了养活额吉的机会，却又要失掉了。"他哭着对母亲说："报军校的人很多，老师说部队选拔非常严格，我的表现好，最有希望去军校了。"玲舍玛知道舍愣自幼就是个倔强的孩子，可眼前的舍愣只有 15 岁，根本就不会独立生活啊。舍愣说："额吉，到了部队有人管我们，吃饭穿衣都不用愁，解放军待人又好，你就放心吧。"舍愣和母亲对视了很久很久，玲舍玛只好依了舍愣。舍愣的心里又是酸酸的，军校在哪儿？不知道。母亲想我了，该到哪儿去找呀？母亲今后一个人怎么生活呢？玲舍玛用粗糙的手给舍愣擦着眼泪说："放心吧，我有手有脚的，怎么也能吃上一口饭。到了学校给我写封信，按照信上的地址不就找到你了？"舍愣笑了："额吉，等学校发津贴，我马上就寄给你啊。"

1950 年 10 月底，塞外很冷，北风呼啸，少年舍愣要告别母亲远行了。他背起母亲准备的简单行囊，里面只有一条带补丁的单裤和一条秋裤，还有几本他喜欢的书，他就这样和几个同学跟着军校领队登上火车，驶离了生活了三年的乌兰浩特。眼泪模糊了舍愣的双眼，母亲玲舍玛孤单的身影渐渐消失在他的视线中。展现在舍愣面前的将是怎样的生活？

舍愣爱读书，可家里没钱，买不起书，他放学后就经常到二道街附近的小书店里去蹭书读。在书店的角落里，他"结识"了保尔·柯察金、马特洛索夫、刘胡兰、王二小、吴运铎、卓娅和舒拉，还知道了运载火箭、原子弹、氢弹、核反应堆等一大堆的知识，他的思想插上了飞翔的翅膀，蹭书已经无法满足舍愣越来越强烈的求知欲望了，他要在更广阔的知识海洋里，尽情地吸纳、吮吸，将知识化为力量，让母亲过上好日子，去保卫新中国。

这一刻，舍愣由一个懵懂的中学生，变成了解放军战士，由一个在母亲呵护下的孩子，变成了走出乡关的有志少年。用毛主席的《七绝·改诗赠父亲》来描述小舍愣的心境是最为贴切的。

孩儿立志出乡关，
学不成名誓不还。
埋骨何须桑梓地，
人生无处不青山。

第二章

小军校生

舍愣再一次出了远门，乘火车一路向西南行驶，进入河北，到了北京，然后沿着京张铁路一路向北，最后在张家口停了下来。这一天是1950年11月3日，舍愣来到坐落在张家口东山坡上的"中央军委工程学校"，成了一名小军校生。

张家口地处冀西北，自古以来就是中原抵御外族入侵的战略要地，在不到4万平方千米范围内，关塞密布，壁垒森严。明嘉靖八年（1529年），守备张珍在北城墙开一小门，曰"小北门"，因门小如口，故称"张家口"。自清朝乾隆时期以来，全国人口突破3亿人，人地矛盾开始尖锐，形成了"走西口""闯关东""蹚古道""拓北庭""填四川""下南洋""赴金山"的近代移民潮。而"走西口"是晋、陕民众涌入归化城、土默特、察哈尔和鄂尔多斯等地谋生的迁徙活动，他们主要通过两条路线进入塞北，一条是向东，过大同，经张家口进入内蒙古，称"走东口"；另一条是一路向西，经"杀虎口"出关进入内蒙古，称"走西口"。

中央军委工程学校，就坐落在张家口东山坡上的一处兵营里。学校校址原拟设在北平，但北平城内城外，没有一所能容纳上万名学生和教职员工的校舍。校方于是想到了张家口东山坡，学校就这样设在了当时生活条件较差的张家口。校舍没有围墙，校园内时有狼出没，厨房里的肉食几次被狼吃掉。为了吓唬野狼，临街的墙壁上被用白灰画了许多圆圈，据说狼见到白圆圈就不敢走近。同学们晚上去厕所，也往往是结伴壮胆，手里提着棍棒，生怕遭遇野狼。

红色基因

东山坡上有一座刚刚建成的烈士纪念馆，纪念在新保安战役中壮烈牺牲的解放军官兵。舍愣将在这座英雄的城市，在英灵的护佑下学习成长。中央军委工程学校的红色基因，可追溯到 1931 年在瑞金成立的中央军委无线电学校，校长王诤、政委曾三。

1948 年 5 月 9 日，晋冀鲁豫军区通信学校合并晋冀鲁军区电讯工程专科学校、军委三局电讯队、军委气象队，组建了"华北军区电讯工程专科学校"（简称"华北电专"）。1949年 3 月 31 日，中央军委决定将"华北电专"扩建为"中央军委工程学校"，也称"中央军委机要通信干部学校"。1949 年 7 月，学校从河北获鹿县搬至张家口。

1949 年 11 月 27 日，中央军委工程学校举行开学典礼，全校师生员工 4000 余人参加。

小军校生舍愣

生在胜利的人民时代

为了巩固和平

我们要建设人民的国防

巩固和平

建设国防

我们要担起这千斤的重荷

我们热爱自己的祖国

不怕困难

不怕艰险

战斗的生活

战斗的学习

紧张团结

坚定灵活

实事求是养成劳动人民的风格

同志们快集中意志

整齐步伐

燃起人类解放的烈火

在毛主席的旗帜下前进

一曲《工程学校校歌》，让学校的"战士"热血沸腾。

舍愣来到张家口军校时，李涛将军已担任了校长兼政委。舍愣知道了大名鼎鼎的李涛将军，他很钦佩李涛将军，因为他的经历很传奇。

舍愣与李涛，一个学生、一个校长，近在咫尺；一个少年、一个将军，中间有很长、很艰难的道路要跋涉。舍愣立志要在承载着红色基因的张家口军校，在解放军的大熔炉里，把自己锤炼成为一名捍卫新中国的坚强战士。

舍愣高兴地脱下了学生装换上绿军装，带上胸章帽徽，成了一名光荣的解放军战士。有人问他："为什么参军。"舍愣不会讲豪言壮语，只是说："那么多同学都投入了革命洪流，我不能站在岸边观潮！"张家口军校的同学，参军前有的曾在革命大学学习过，有的在解放区受过党的教育，参加过革命活动，他们都盼望换一个新天地。

1951 年 9 月 15 日，是少年舍愣值得纪念的日子。中央军委向工程学校授予中国人民解放军军旗。为迎接这一天，学校组织全体人员背诵军校誓词，整理环境，打扫卫生，进行队列操练，赶排文艺节目。各区队之间、小组之间展开竞赛和挑战。那段日子里，学校的每个角落都荡漾着音乐声、歌声、诵读声、操练声，空气中洋溢着欢乐与甘甜。大家都力争牢记誓词、改造思想、学好技术，做一名名副其实的军人，为保卫东方和世界和平而献身。军委总政治部副主任肖华将军来授旗这一天，军校披上了节日盛装，校门口用松枝搭起一座大牌楼，上嵌军徽及"中国人民解放军万岁"几个金灿灿的大字，它们在阳光下熠熠闪光。

"八一"操场南端升起了五星红旗，全校 4000 余师生身着新军装整齐排列。上午 9 时整，在中国人民解放军军歌乐曲中，肖华检阅了全校师生。"同志们好！"受阅方阵即刻响起："祝首长健康！"检阅结束后，肖华授旗。随后，江钟率军旗手、护旗手绕广场巡行一周，军旗所到之处，"中国人民解放军万岁""毛主席万岁"口号声震耳欲聋、响彻云天。全校 1949 年 1 月以后入伍者，在学校政治部副主任康立泽率领下庄严宣誓。

肖华发表讲话："中国人民解放军是中国共产党和伟大的领袖毛主席亲自培养和领导的军队，是中国人民自己的武装力量，是新中国的创造者和最坚强的捍卫者，是全国人民和全世界人民最热爱的军队。你们能够参加这支军队，作为一名人民解放军的战士，是无上光荣的。你们要牢牢记住誓词的一字一句，把它变成今后行动的守则，把自己锻炼成为一名最有觉悟、最有纪律、最有教养的德才兼备、智勇双全的优秀战士，以完成保卫人民、保卫祖国、保卫东方与世界和平的伟大任务。"

肖华浓重的赣南口音响彻会场："中国人民解放军军旗象征着我军艰苦奋斗、英勇杀敌的伟大胜利，标志着我国人民，我们人民解放军保卫胜利果实、保卫祖国、保卫东方与世界和平的意志和信心。让我们高举光辉灿烂的、百战百胜的'八一'军旗，继承和发扬我军光荣传统，团结一致、奋勇前进吧！光荣和胜利是永远属于我们的！"

全场为肖华慷慨激昂的讲话及他创作的《长征组歌》热烈鼓掌。

内蒙古自治区人民政府主席乌兰夫希望同志们努力学习，努力工作，把自己的身体锻炼得更加强壮，为建设现代化、正规化的人民军队而奋斗。舍愣参加了分列式，在雄浑激越的军乐中，他挺起胸脯，迈着整齐的步伐通过主席台。舍愣感到热血在涌动、在沸腾，他非常喜欢《长征组歌》，而肖华就是歌词作者。他平生第一次见到这么多他心目中的大英雄。

入夜，校区内流光溢彩，学校举行了节日大聚餐，然后是游艺晚会，最后是营火晚会，各区队举行联欢，表演文艺节目。舍愣举目四望，是灯的海洋、音乐的海洋、欢乐的海洋。"八一"男女篮球队随肖华副主任来校助兴，与察哈尔省军区篮球队、内蒙古军区篮球队、工程学校篮球队举行友谊比赛，把授旗庆祝活动推向了高潮。

多年以后，每当舍愣回忆起当年授旗、入伍宣誓典礼的盛况，依旧激动不已，那么亲切、那么热烈、令人难忘。

灶光里的优等生

军校紧张的学习开始了，舍愣分在六系二班，无线电机务专业。舍愣以初中二年级的文化程度与大哥哥、大姐姐们一起学习，他们中有的是部队选送来的军官，连长、排长都有，有的是大学毕业生，舍愣学习的难度可想而知。

新中国成立之初，学习条件十分艰苦，很多课程甚至连课本都没有，几个人合用一本，更没有参考资料，学生全靠听课记笔记。学生们要自己动手做笔记本，学校每学期给每个人发几张单面油光纸或颜色发黄的单面草纸，学生们自己裁开，将其装订成笔记本，不够用了就用津贴到小卖部买纸制作。1952年，学校发给每位学员一个活页笔记本，这成了最高档的文具。舍愣只有初中二年级的文化功底，年龄又小，开始跟大家一起学习感到很吃力，上课必须全神贯注地听，还要记录课程要点，差一点儿就可能学不会、弄不懂。数学、物理、化学等基础课程，电子管电路、无线电原理、

张家口中央军委工程学校优等生舍愣

无线电工程、短波发信机等课程，对于舍愣来说都不轻松。别的同学理解和掌握得快，学起来轻松，而舍愣上课专心听讲，却忘了记笔记；专心记笔记，又顾不上听课，一时间搞得手忙脚乱，但他不肯轻易服输，别人用一个小时学会的东西，他就用 2 个小时、甚至 3 个小时去学，渐渐地他的学习成绩赶上来了。但有门课程最使舍愣头疼，当时，志愿军在朝鲜前线缴获了美制 V101 型电台，说明书以及操作按键都是英文，学校就开设了英语课程，课本很少，还是油印的，有的字迹不清，舍愣没有一点儿英语基础，学起来非常吃力。他经常感到学习时间不够用，经常到了学校晚上 9 点熄灯的时间，舍愣当日的学习任务还没完成，这让他急得团团转。之后，他突然想到了匡衡"凿壁偷光"的故事。从此以后，每天凌晨 4 点，在工程学校空气混浊、有些呛人的伙房里，一名小战士就会坐在柴草堆上，神情专注，完全沉浸在知识的海洋里，他看书写作业，背英语单词，一直学到学校吹起床号。炉火映在他那张稚气未脱的脸上，忽明忽暗。有一次，舍愣聚精会神地看书，突然听到起床号响起，就慌慌张张跑出伙房直奔宿舍，这事儿让区队长知道了可不得了。舍愣慌不择路地钻进了别的区队宿舍，结果满脸都是烟灰，眼眉是黑的，眼圈是黑的，鼻孔也是黑的，别人以为是附近老百姓家的小孩子乱跑，还要给老乡送回去。舍愣解释了半天，差点儿闹出了笑话。伙房司务长老赵很疼爱这名小战士，夸赞他小小年纪就如此用功，将来一定有大出息。每次舍愣来伙房学习，老赵都用搪瓷缸冲白糖水，看着舍愣喝完。舍愣的学习成绩赶上来了，英文学习进步很大，刘老师夸他有语言天赋。老师告诉他："中国要强大起来，必然要向外国学习，掌握了外语，相当于比别人多了一双看世界的眼睛。你毕业后一定要坚持学习英语，将来一定会有大用的。"舍愣把刘老师的话牢记了几十年，也受益了几十年。之后，舍愣成了班里的优等生。

新中国成立初期，社会治安环境较差，军委工程学校学员夜间要站岗，夏天还好，冬天难熬，晚上特别冷，2 个小时一换岗。区队长朱良看舍愣年纪太小，打算不安排他站岗。舍愣听说了找到朱良："我要跟同学一样站岗。"有一次轮到舍愣站岗，他发现对面来了几个骑马的陌生人，当时就很紧张，大声问口令，对方回答得不对，他以为敌人来了，大声喝道举起手来，还将手榴弹高高举起，最后发现对方是附近兵工厂的人，虚惊一场，区队长表扬了舍愣。

工校老师是来自全国各地高校、科研院所的进步知识分子，其中不乏名师。其中有一位叫作方湖宝的物理老师，舍愣在他那儿受到了物理学和无线电通信启蒙教育。方老师非常喜欢这个孜孜以求、刨根问底的蒙古族少年，舍愣也对物理学产生了浓厚的兴趣，成绩不断上升，最终在全班名列前茅。40 年后，舍愣（郝为民）代表邮电部电信总局到西安电子十所考察谈合作，年近古稀的西安电子科技大学教授方湖宝，一眼就认出了舍愣，师生意外重逢，感慨万千。舍愣的电台实习指导老师叫樊昌信，那时刚从北京大学毕业，英文好，指导舍愣和同学们拆装美国 V101 电台，对照电路图、英文说明书、实物详细讲解电台原理、故障排查和维修知识。舍愣过去对电台知识一无所知，经过樊老师的教导和点化，他不仅会用电台，而且学会了电台故障维修。1986 年的一天，美国斯坦福大学卫星通信规划中心（郝为民当时是这里的访问学者）来了位中国学者，30 年的岁月在舍愣和来人的脸上刻下的痕迹完全没阻止他们即刻相认，他就是当时国内著名的电子专家、到加州大学戴维斯分校做访问学者的樊老师。另一位教无线电的老师孙耐，像个温柔体贴的大姐姐一样关心着舍愣和同学们，她上课准备得最充分，舍愣听得最明白。

露天大教室

中央军委工程学校是依山坡地形建造的房子，上上下下，高高低低，很不整齐。这些房子多是学生宿舍，少数为干部办公室，用来上课的教室很少。

开学后第一阶段，学校进行政治教育。那时新中国刚成立，学员们虽然热爱新中国，拥护共产党，拥护社会主义，但对社会发展的历史规律、对中国革命的性质和任务了解得不多，对时局和党的政策也不清楚。所以，学员入校首先要接受政治教育，提高革命觉悟，激发革命自觉性，增强纪律性。政治学习内容包括社会发展史、中国近代史、政治经济学、中国革命与中国共产党及时事政治等。

舍愣及同学们经常在大操场上政治课，他们将那儿称作"露天大教室"。

"露天大教室"没有桌椅，双膝是课桌，每人一个小马扎。这个小马扎的利用率最高，上课、开会、学习都离不开它。上课时，上千人坐在"露天大教室"里，排列得整整齐齐，纵横成行，没有一个人随便走动，都在聚精会神地听老师讲课，快速做笔记，课后还要组织学习、讨论。自习和讨论会都在宿舍进行，中队、大队集合开会在院子里。面对艰苦的学习条件，刚开始有人情绪不高，但不久后，大家都受到鼓舞，感到课程内容很有意思。学校领导和学员同甘共苦，学校领导经常教育同学们，现在比之前好多了，虽然学习条件差，但环境是安定的。"露天大教室"虽然条件简陋，可来讲课的都是名师。杨献珍作人生观报告，王学文讲政治经济学，孙定国讲哲学，陈家康讲苏联问题，还针对学生提出的问题认真解答，他们都是知名学者、大理论家。每次上大课时，学校都会架起喇叭，打开扩音器，政治处主任贺伯升操着浓厚的四川口音对大家讲："今天请艾思奇同志给我们作《社会发展史》报告……大家欢迎！"艾思奇同志开讲了，从生物的起源讲起，单细胞、三叶虫，从猿到人，从劳动创造世界，一直讲到共产主义。舍愣被大师们深入浅出、旁征博引、诙谐生动的讲课深深地吸引了，一个忠诚于党、忠诚于人民的小战士渐渐成长、成熟起来！

1951 年建军节，于张家口军校

舍愣学到了马克思列宁主义的历史观和基本常识，对艾思奇讲的理论感到很新鲜，特别是讲到理论联系实际：联系自己的思想实际，用马克思主义的立场、观点、方法观察和分析问题。舍愣觉得这些知识都很有用。

后来，学校组织建校劳动，修复了一些教室，整修了马路，校园面貌大大改善，学习条件也逐步改善。每个学员不仅有一个马扎，还有了一把扶手椅，椅子的右面有一块伸出去的木板，可以在上面写字，既是椅子，又是桌子，舍愣很喜爱它。转入文化和专业学习以后，学校发的学习用品更多了，各种规格的硬软皮笔记本、保密本，纸质好、数量足。抗美援朝时期，全国人民慰问志愿军、解放军，舍愣也得到了一份慰问品——14K 金钢笔和搪瓷杯，据说钢笔比派克笔还贵。钢笔对大城市的学生来说不稀罕，但对舍愣来说可是绝对的宝贝，他珍藏了半个多世纪。

火热的生活

舍愣踏进军委工校时，志愿军刚刚结束第一次战役，第二次战役刚刚发起。那时，张家口出现了鼠疫，市卫生部门决定，全校实行严格隔离，患任何疾病者均须送医院治疗，以防疫情发展。

社会上空气紧张，但军委工校里却热气腾腾、生机勃勃。4000多名青年男女高声歌唱着："解放区的天是明朗的天，解放区的人民好喜欢……"他们以抖擞的精神、整齐的队列、朗朗的读书声、丰富多彩的假日文体生活，为这座塞外城市带来了一片生机。

工校的文体活动十分丰富，政治部主任康立泽是文体活动的倡导者、支持者和组织者。学校成立了文工团、篮球队，向国家和部队输送了许多体育和文艺人才，特别是篮球队，打遍察哈尔省、张家口铁路局、内蒙古军区无敌手，还"远征"宣化等地，并于1952年到北京参加军直系统的篮球锦标赛，获得冠军。那时的舍愣很活泼，是班里的文艺活动积极分子，后来当了文艺委员，还参加了学校的腰鼓队，是年纪最小的队员。舍愣的班里除几个内蒙古同学外，其余来自全国各地，大家语言沟通有障碍，但共同的歌曲使大家心心相通。每晚点名时，大家唱的多是《淮海战役组歌》和《新四军军歌》。

光荣北伐武昌城下

血染着我们的姓名

孤军奋斗罗霄山上

继承了先烈的殊勋

千百次抗争，风雪饥寒

千万里转战，穷山野营

获得丰富的斗争经验

锻炼艰苦的牺牲精神

……

东进，东进！我们是铁的新四军！

东进，东进！我们是铁的新四军！

……

扬子江头淮河之滨

任我们纵横地驰骋

深入敌后百战百胜

汹涌着杀敌的呼声

……

发扬革命的优良传统

创造现代的革命新军

……

前进，前进！我们是铁的新四军！

除了唱部队的经典歌曲外，学校还组织创作了许多工校歌曲，有《工程学校校歌》《通信战士歌》《技术人员歌》《毕业歌》。舍愣非常喜欢唱这些歌曲，尤其是《通信战士歌》，他觉得唱出了自己的心声。

滔滔的黄河层层的山

河西河东尽草原

高原山山谷间

通信战士在前线

电键在跳动

马达在飞转

西北直到黄河边

黑夜工作到明天

只要为了抗战

我们愿受尽艰险

流尽血汗

用我们的机器

用我们的手

把万里河山掌握在党的领导下

加紧工作

努力学习

我们是八路军的通信工作者

我们是人民的技术员

看电影，对军校学员来说既是娱乐休息，又是行军锻炼。电影院在距东山坡约5千米外的大门内，一个往返就得两小时，去一次看两部电影，要看到深夜，返回宿舍时已经是凌晨了，当中队长宣布明天不出早操时，大家欢声一片。

学校的文化生活丰富多彩，但物质生活很艰苦，因为新中国刚刚成立，还要支援抗美援朝战争。舍愣和同学们睡的是大通铺，取暖要在室内生炉子，南方的同学不会生炉子、烧炉子，不知道夜里往炉子里添煤，导致炉火熄灭了，室内像个大冰窖，加上学校发的被子又比较单薄，许多人都冻伤了手脚、耳朵，棉胶鞋甚至冻在了地上，但大家仍然坚持学习。学校没有食堂，每个班有两个大木桶，开饭时炊事员在大木桶里装玉米面窝头、燕麦粥等；再往另一个桶里装菜，以土豆、胡萝卜、白菜为主，学员们很少吃到肉。学校为改善生活，曾组织人到附近的山里打猎，让学员们吃了几次狼肉。舍愣觉得狼肉很柴很腥，远没有家乡的羊肉好吃。1952 年以后，抗美援朝战争取得了决定性胜利，国内经济逐渐恢复，学校有了食堂，学员们伙食得到改善，节假日可以吃到一点儿肉了。

张家口工校与抗美援朝前线有着特殊的联系，朝鲜战局深刻地影响着这里的所有人。学员们每天的时事政治学习主要是读报、了解前线战事、学习志愿军的英雄事迹。学校曾邀请张家口邮电局的劳动模范马兴田、张然做报告，组织学员们参观地处张家口南沙岭子的察哈尔省农业试验场。1952 年，学校举行了志愿军战斗英雄报告会，请周文林、刘子林和郭忠田做报告。舍愣第一次近距离看到了英雄，激动不已，他们可是闻名全国的大英雄啊！英雄在上面讲，舍愣就在笔记本上为英雄画素描，不仅画抗美援朝的志愿军英雄，还画来学校做报告的地方劳动模范，画自己心目中的无线电报务员。

舍愣一直珍藏着"抗美援朝捐献纪念证"。当时，学校组织为前线捐献飞机大炮，舍愣从微薄的津贴中拿出 16000 元（旧币）捐给抗美援朝总会。

1952 年 9 月 9 日，班团支部书记王振亚介绍舍愣加入共青团，那时叫"新民主主义青年团"。

再见吧同志

1953 年年初，朝鲜战场终于露出了停战的曙光，舍愣也要毕业了。

毕业前夕，六系二班的盛筱培、许汝霖和沈布贵同学提前分配入朝了。后来，沈布贵还给舍愣寄来一张在朝鲜前线的照片，他坐在前线的战壕里悠闲地拉着二胡。班里举行欢送会时，舍愣和同学们都非常羡慕入朝的同学，他们本来就是为抗美援朝才来到张家口的。而此时，朝鲜战局缓和，中、朝、美三方已准备开始停战谈判了，所以大部分学员入朝参战的期望变得越来越渺茫，他们的未来有了新的变化。

1953 年 3 月，张家口的春天来了，东山坡漫山遍野开着杏花、桃花和梨花，空气中荡漾着花香。在芳菲漫天的日子，六系二班的全体学员在烈士公园纪念碑前拍摄了毕业照。无线电学老师孙耐、英语老师老刘、系政委老侯、两任区队长金钟根和朱良、系干事老高和王立猛也参加了合影，看着自己亲手培养出的年轻人，他们脸上绽放出灿烂的笑容。

舍愣又一次落泪了。面对他的恩师，面对他的领导，面对他的同学，面对陪他度过两年又四个月难忘时光的张家口军校。舍愣为自己是军校的一员感到骄傲，中央军委工程学校成为哺育中国人民解放军现代化人才的摇篮，为中华人民共和国的国防建设立下奇功。

1952年5月19日，中央军委发布命令，张家口工程学校更名为"中国人民解放军通信工程学院"；1958年1月，更名为"中国人民解放军通信兵学院"，8月迁往西安；1960年1月1日，更名为"中国人民解放军军事电信工程学院"，简称"西军电"。1962年，中央军委鉴于形势的变化，将西军电雷达专业（包括六系和七系）迁往重庆，成立了解放军雷达工程学院。1966年4月1日，中国人民解放军军事电信工程学院转制为"西北电讯工程学院"；1988年，西北电讯工程学院更名为西安电子科技大学。

1953年3月，通信工程学院六系二班同学毕业合影

舍愣近两年没有回家了，三个春节、所有假期都是在军校度过的。他想念母亲。1951年，母亲玲舍玛千里迢迢来到张家口军校看望他。为不给儿子添负担，她在张家口给别人做缝补、做饭、干杂活、带小孩，只为了在张家口多住些日子，多看儿子几眼。

两年过去了，母亲怎么样了？她生活得还好吗？舍愣也思念故乡，乌兰浩特有险峻巍峨的施恩大峡谷，有七湖连珠，有水天一色、风光无限的七仙湖大草原，舍愣好久都没有去了；呼伦贝尔草原鲜嫩的羊肉，舍愣更是好久好久都没有吃了。

新民主主义青年团团员舍愣巴拉珠尔，经过人民解放军大熔炉的冶炼和锻造，如今雄姿英发、踌躇满志、本领在身，由一个自发向往革命的少年，转变成一个自觉革命、意志坚定、体魄健壮的青年战士，等待他的是广阔的舞台和更加火热的建设生活。

北国的春风在飘荡

北国的草原在生长

我们的心志坚强

斗志昂扬

我们完成了学习计划

实现了党的希望

我们离开母校的培养

舒展着新生的羽毛

飞向前方的战场

再见吧同志

再见吧同志

我们永远忠于党的事业

守卫着通信的哨岗

再见吧同志

再见吧同志

把理论应用到实际

用电键战斗在前方

······

第三章

投身邮电

1953 年 3 月 14 日，舍愣脱下军装，换上便装，告别了张家口军校，与7 个蒙古族同学回到了大草原。舍愣被分配到满洲里工作，投身到他为之奋斗了 60 年的邮电事业。

满洲里是最具异域风情的边陲孤城，地处呼伦贝尔大草原腹地，却是中国最大的陆路口岸之一，另外一处是二连浩特口岸，还有一处是新疆霍尔果斯口岸。满洲里原名"霍勒津布拉格"，蒙语意为"旺盛的泉水"，1901 年因建设东清铁路而得俄名"满洲里亚"，汉语音译"满洲里"，边城由此得名。满洲里是一座拥有百年历史、中、俄、蒙三国风情齐备的城市，被誉为"东亚之窗"。

20 世纪 50 年代，中苏和中蒙之间已建成国际长途干线，满洲里邮电局正处在中苏、中蒙通信枢纽的位置，因此，有线通信尤其重要。舍愣没有去无线通信部门，而是被分到了满洲里邮电局机务站载波室当了机务员。舍愣除在机房值班外，还要负责维护连接至苏方的有线通信设备。

俄文对话手册

舍愣的新挑战来了。

他对有线通信不熟悉，却要与载波机、传输线路打交道，没有捷径可走，只有学习学习再学习，才能迎接挑战。从此，他走进了有线传输的大千世界。线路复用、幻象电路、载波原理、线路障碍、传输质量、障碍点测距、现场检修、管理流程，他一样一样地学习，一样一样地求教别人，一样一样地掌握和运用这些知识，在很短的时间内就成了机务站的技术好手。局里有一台苏联产三路载波机，体积庞大，占满一间屋子，十分贵重，一般人不敢动它。舍愣懂点儿俄文，就找来载波机技术资料，打开"洋设备"，对照着苏联电

1953 年，在满洲里邮电局的舍愣

路图查看实物，了解载波机零部件的分布、外形及装拆方法；再学习、研究载波机原理，学习故障判断方法，一点一点地了解有线通信的相关知识。机务站当时是高度保密单位，工作人员几乎与外界封闭，对外界事物了解很少。机务站当时

对设备障碍历时管理十分严格，如果处理障碍超时限了，公安局就会来人问询甚至把人带走做调查，所以那时舍愣很紧张，压力很大。18岁的舍愣，没有时间谈恋爱，顾不上去王爷庙看望母亲，几乎把业余时间都贡献了出来。那时，满洲里下设的苏木（乡镇）到行政村没有专门的通信线路，只有一条广播线路，早、中、晚定时播放中央及地方的广播节目，这成了广大农牧民了解国家政策的唯一方式，非广播时间可以用于民间通信。如果广播期间老百姓的家出现险情，或有人生了急病，需要救援和医生抢救，老百姓只能骑马送信，这造成了很多家庭悲剧。舍愣了解情况后，就找来资料研究了一番，选用了一种不用花钱的办法解决问题。他用拆下的旧漆包线绕制了转电线圈，安在音频话路上，就增开出一对农牧民的"救命线"，称作"幻象电路"。这种电路的质量虽然不很稳定，但苏木到村屯的通信再也不受广播时间的限制了。满洲里邮电局推广了舍愣的做法，挽救了很多生命。

舍愣的表现，局长潘福绵看在眼里，喜在心上。他很欣赏这个只有18岁的小伙子（潘福绵对舍愣未来十几年的命运产生了深刻影响，这是后话）。机务站站长杨遇春在大会、小会上总表扬舍愣，党支部将他列为入党积极分子来重点培养。不久，舍愣调到市局国际话务员岗位，负责国际电路的质量保障，开始频繁地与苏联、蒙古国的话务人员联系，舍愣的俄语有些不够用了。为了更好地学习俄语，他风雨不误地到满洲里市海关的俄语班学习。后来，市局从后贝加尔斯克请来一位漂亮的俄语女老师，名叫柳德米拉；她的眼睛瓦蓝瓦蓝的，头发是金黄色的。局里选了14名青年职工参加培训，其中有的是国际台席话务员，有的是国际线路测试员，舍愣也在其中。学员们每天下班后上课。柳德米拉是苏联的中学老师，教学经验很丰富，教得认真、投入。学员们都带着问题学习，学了就用，越学越有劲。舍愣的外语天赋再次显露出来，培训班办了四个多月，舍愣一边听老师讲课，一边偷偷在家里读人民大学的俄语教科书，不会的地方就问老师。他的俄语水平突飞猛进，具备了俄语听、说、读、写的能力。1954年夏天，柳德米拉要回国了，同学们舍不得柳德米拉走，师生在一起照了相。同学们凑钱给柳德米拉买了一条漂亮的围巾，柳德米拉咯咯地笑着。她握着舍愣的手说："舍愣，你是好样的，很优秀，记得给我写信啊。"于是，舍愣始终保持着与她的通信联系，经常请教她一些自己想不明白又感兴趣的问题，当然还有俄语问题。柳德米拉喜欢回答他的问题，舍愣把柳德米拉的来信珍藏起来。

1954年夏天，舍愣和同学们欢送俄语老师柳德米拉

当时，邮电部在全国20个城市电信局推广郭秀云操作法、康雅茹回叫经验，号召长途机务站学习哈尔滨市长途电信局"史宝聚试线法"。满洲里邮电局也开展了这项工作，舍愣认真学习和揣摩他们的做法，认为史宝聚的维护线路经验很有效。海拉尔－满洲里电路发生了混线、地气障碍，舍愣采用史宝聚的方法很快就能找到障碍点，定点很准。他打心眼儿里佩服史宝聚。

满洲里邮电局开通了与朝鲜的国际电话业务；新邮政楼竣工投产；4辆国产邮车车厢在北京－满洲里国际联运列车上挂用；为配合农业合作化、创办高级牧业生产合作社运动，邮电局大力发展牧区电话建设，为牧区架设线路通了电话。活动、运动一个接着一个，满洲里邮电局日新月异，天天发生变化。

满洲里邮电局开展了"双革"（技术革新和技术革命）"两参一改三结合"（干部参加劳动，工人参加管理，改革不合理的规章制度，工人、干部、科学技术人员相结合）运动，舍愣肯钻研、技术好，被市局吸纳进"三结合"组织机构，经常和领导、工人师傅在一起开会、学习，研究各生产环节的技术革新问题，也在会上发言，提想法、提建议。那时，国家的总路线是"以钢为纲"，邮电局的总路线是邮政"以报刊发行为纲"、电信"以长途通信为纲"。

1954 年 5 月 2 日，邮电部和邮电工会全委会将锦州市长途线务中心站线务员许兴柱创造的工作方法，命名为"许兴柱长途线路维护先进工作法"，5 月 3 日在北京召开了推广大会。邮电部时任部长朱学范签署了命令：

许兴柱在党和行政的培养教育下，深刻认识到长途线路维护工作在国防、政治、经济、文化建设上的重大意义，高度发挥了劳动热忱和积极钻研精神，掌握了线路维护的规律，依靠群众、团结互助，创造了先进的"长途线路维护工作方法"，取得了由 1949 年 12 月至 1952 年 6 月连续两年零六个月未出任何障碍的卓越成绩。许兴柱的工作方法从根本上改变了旧的长途线路维护方法，从消极的"坐等障碍"转变为主动预防和消除障碍，贯彻了包线专责制度，采取一系列技术措施，延长了杆线寿命，长途线路保持了良好的质量水平。许兴柱先进工作方法在全国推广，将显著提高长途线路质量，进一步保证国家经济建设和国防通信需要。设备利用率提高了，杆线寿命延长了，可为国家节约资金。许兴柱做出了重大贡献。为此决定，授予许兴柱同志以奖状及奖金。

全国各省（自治区、直辖市）局应积极组织长途线路人员及有关职工，切实学习许兴柱同志的先进思想和长途线路维护工作方法，发挥集体的作用和整体观念，改进长途线路的维护管理，保证通信畅通，为完成邮电企业在国家过渡时期的基本任务而奋斗。

舍愣在职工大会上听了领导的传达，打心眼里佩服许兴柱和他的先进工作方法。他找来很多关于许兴柱的资料，还买了一本《模范线务员许兴柱》的连环画来学习。

许兴柱从小给地主放牛，吃不饱穿不暖，11 岁时父亲去世，母亲外出讨饭。1923 年，许兴柱在高台子、山海关警备电话局当工人。在辽沈战役期间，他带领线务员抢修绥中至山海关、锦州至山海关长途线路，出色完成了任务，受到部队首长的表扬。1949 年，包线维护制实行，许兴柱刻苦钻研，不断创新，把"坐等障碍"转变为主动预防，按不同季节和长途线路的变化规律主动维护，使线路始终保持规格标准。许兴柱白天上线路劳动，晚上钻研技术，他总结出一整套维护方法："隔电子必须擦得光又光，防雨季绝缘不良；线条热胀冷缩，但新线、旧线也不一样；春风未起先调整，就能把混线障碍来预防；如果一档大一档小，来回一串就妥当；如果线路普遍垂度大，两头串往当中央；如果两头标准中间大，找到接头剪下一段再接上；如果前后垂度全都小，接头上再加一段两边放；风雨雷电后一定要巡查线路，山坡、河边、高杆重点检查；河边危险地带电杆要打围椿，动员大家一起干，不要上级派人来帮忙。"许兴柱巡查线路时，将发现的问题记在小本子上，遇到不会的字就用符号代替。

许兴柱后来当了锦州长途电信线务中心站副站长，下去检查工作从来不坐车，沿长途线路查看每一棵电杆和线路，人称"泥腿子干部"。他连续两届当选全国人大代表，多次受到国家领导人的接见。

舍愣觉得许兴柱是对国家有用的人，是受人尊敬的人。"一位 50 多岁的老人都能做到的，我也要做到。"舍愣发誓要成为许兴柱那样的人。从此，他更加自觉地学习钻研技术业务，主动承担各项任务，把每一次任务当作学习的机会。

有一次，国际线路出了故障，线务员在外作业，副局长张连海找到舍愣。他二话不说，背起全套工具顶着寒风就往国境线方向查找障碍。近 10 千克重的工具，又是寒冬季节，9千米的线路，舍愣走得浑身冒汗，终于在中苏交界处找到了障碍点。他必须爬上距苏联国境只有3米远的第208号杆，才能排除故障。他套上脚扣，爬上208号杆，对面就是后贝加尔斯克镇，街道和房屋看得很清楚。上面风更大，摇摇晃晃的，舍愣赤手操作，双手冻得跟猫咬似的难受，后来渐渐地麻木了。舍愣连忙戴上棉手套，双手在电杆上用力拍打，等手慢慢恢复了知觉，再摘下手套继续干活。他足足用了3个多小时排除了故障，国际通信恢复了。

柳德米拉走后，舍愣就想着做一件事：国际话务席上的同事们很需要一本中俄对照的业务对话资料，维护测试中苏通信线路的技术人员也需要一本测试用俄语对话资料，用以指导俄语学习，提高对苏沟通能力。舍愣对局长潘福绵说想编这样一本书，潘福绵非常支持他。舍愣说干就干，很快就收集、整理、编辑了一本国际话务员、国际通信线路测试员俄语常用句小册子。舍愣自己刻蜡版、自己油印、自己装订，弄得满身满脸都是油墨。小册子发给大家后，同事们交口称赞，都说舍愣是好样的，话务台席上的同事们开始悄悄地注意这个蒙古族青年了。后来不知怎么，小册子还传到了北京机务二站，北京的同行还请教过舍愣俄语问题，说小册子编得好，简明扼要，非常实用。舍愣便送给他们一些小册子。

那时，满洲里的主要通信设备都是苏联产，用电子管组装的。大家都说有个盘经常出故障，电子管换得很勤。舍愣觉得挺蹊跷，就找来俄文说明书研究，结果发现电子管用错了，电子管额定功率达不到设备要求，所以总是发热甚至烧坏管子。问题解决了，舍愣在1955年邮电部办的《邮电技术通信》上发表了一篇文章，题目是《终于解决了一个长期存在的问题》，文章详细介绍了解决问题的过程和体会，人民邮电出版社还给舍愣寄来了纪念册。这是舍愣公开发表的第一篇技术文章。

1953年年底，舍愣在满洲里已小有成绩。工作安定了，他去乌兰浩特接来了玲舍玛，分别了三年多的母子在满洲里团聚了。邮电局给他租了一间房子，房东是苏联侨民安德罗夫，待人很友好，经常在厨房里烧牛排，喝伏特加酒，满屋子混杂着肉香和酒香。安德罗夫经常请舍愣母子一块分享牛排和酒，玲舍玛回赠他手把肉和奶茶。安德罗夫祖居圣彼得堡，他非常想念家乡，想念涅瓦河、拉多加湖，想念夏宫和兔子岛，还有冬宫及那里的皇家芭蕾舞团演出的《天鹅湖》。他非常崇拜著名芭蕾舞演员乌兰诺娃，说她一次能旋转33圈，没有人能超过她。通过与安德罗夫的接触，舍愣的俄语水平更高了，还知道了苏联有那么多的名胜古迹、那么多有名的人物。

舍愣的母亲有文化，自幼教会了他传统蒙语，但在国际台席值班时，舍愣感到自己的蒙语发音还不够准确，就经常请教蒙语好的同事，希望他们帮助自己纠正蒙语发音。可还有一个问题，从20世纪40年代起，蒙古国就推广使用了新蒙语，1946年起蒙古国转用了新蒙文。在国际话务台席期间，舍愣用传统蒙语与新蒙语交流出现了一点儿障碍，于是他决定攻卜新蒙语。他有传统蒙语的发音基础，又熟悉俄语，学起新蒙语并不太费事，主要是掌握好拼写规则，正确使用西里尔字母发出蒙语的音；几个月后，他就能够书写新蒙文、用新蒙文与人交流了，他又多了一双看世界的眼睛。二十多年后，舍愣参加邮电部代表团赴蒙古国就恢复中蒙通信事宜谈判，他既是团里的翻译，也是谈判代表之一，传统蒙文、西里尔蒙文的说与写都不在话下，圆满完成了任务。

母亲玲舍玛很满意满洲里无忧无虑的生活。新中国成立初期实行供给制，舍愣每月原来有140斤小米，后来涨到了160斤，有能力养家糊口了。1956年，呼伦贝尔盟统一进行了工资改革，由工分制改为货币制，套用新级标准，儿子涨了工资，生活更宽裕了。玲舍玛结束了漂泊的生活，有了安定的住处，每天能看着儿子唱着歌风风火火地去工作，唱着歌下班回家，从未有过的安慰油然而生。

建设集宁－二连浩特国际通信干线

　　1953 年是新中国第一个五年计划的开局之年，国家开始建设集宁－二连浩特铁路。这条铁路线是中国连接乌兰巴托、莫斯科的国际联运干线。该线路由京包线的集宁南站出岔至国境站二连浩特，与蒙古国铁路相连，成为中国通往欧洲的另一条大通道，使北京到莫斯科的距离比经满洲里运程缩短 1141 千米。

　　1954 年，邮电部和内蒙古自治区邮电管理局决定投资建设集宁－二连浩特国际长途通信线路（以下简称"集二线"。注：业内人士普遍如此称呼长途线路，如京－哈线、沪－宁线、宁－汉线等，文件里也如此称呼）。管理局调舍愣参加集二线的建设，舍愣又一次告别母亲，从呼伦贝尔草原来到了锡林郭勒大草原北端的二连浩特市。

　　那时的二连浩特连城市的影子都没有，蒙语"二连浩特"意为"斑斓的城市"，可那时"斑斓的城市"却一点儿也不斑斓，放眼望去是一片沙土地。锡林郭勒草原不像呼伦贝尔草原那样水草丰美，但是二连浩特的地理位置十分重要，居于北京、呼和浩特、乌兰巴托、莫斯科的枢纽地带，与蒙古国的扎门乌德隔界相望，建设口岸的条件得天独厚。

　　舍愣在集二线基建办工作，主要负责协调工程进度、材料供应、人员调度。

他到位于呼和浩特的内蒙古自治区邮电管理局基建处查阅了全部的工程设计资料，熟悉沿线的地形地貌和道路情况，构思着自己的工作计划。他工作认真、注重细节，领导交给他的任务他样样做得好，领导最放心。舍愣非常珍惜这次机会，完成本职工作后，他向领导请缨到第一线参加工程建设，亲近锡林郭勒大草原，向工程技术人员学习。

邮电部投资建设的集二长途线路，租用集二线铁路专用通信杆路，加挂一对铜线，以实现中苏、中蒙之间的政府和军队专用通信联络。集二铁路横跨丘陵地带和风雨剥蚀的戈壁大平原，舍愣和施工队员们赶着勒勒车，装上工具、仪表和铜线，一路爬杆挂线、调测线路，从二连浩特出发一路南下。时值初秋，大草原广袤无垠，丘陵像巨大的波浪在视野里起伏，呈现的是斑驳的绿色。因为这里干旱少雨，草长得矮小，稀稀落落的羊群啃噬着"可怜的小草"。舍愣与队友们一边施工，一边前行，晚上赶到哪里就住在哪里，有时是蒙古包，有时是柴房，有时甚至露天过夜，睡梦中能被饥饿的草原狼的嗥叫声惊醒。过程中面临的最大的难题是缺水，干旱的草原找水很难。在这种条件下，舍愣干活一点儿也不含糊，爬杆、上绝缘瓶、挂线、加固、信号机测试，样样都会干。为了按时建成集二线，向二连浩特"一五计划"献礼，大家都拼命地干，从秋天干到冬天，再从冬天干到夏天。大家一路从二连浩特出发，线路穿过了苏尼特右旗（赛罕塔拉）、温都尔庙、朱日和、德日图斯、银哈尔、土牧尔台、察哈尔右翼后旗，最后翻过阴山山脉，进入终点乌兰察布盟的集宁市。

一年多以后，1956 年 1 月，连接北京、乌兰巴托、莫斯科的铁路联运线通车，集宁—二连浩特 336 千米的国际长途通信线路也同步投入使用。母亲再次见到儿子时，看到的是黝黑、消瘦的舍愣，显得成熟的舍愣几乎完全脱离了原来那个生气勃勃的蒙古族青年形象。儿子把工资和津贴交给了母亲，还有上级发给他的奖励证书……

二连浩特邮电局局长崔璧也看中了舍愣，觉得他有文化、勤快、人缘好、乐于助人，是个好苗子，有心培养他，就向内蒙古自治区邮电管理局打报告要人，调舍愣到二连浩特工作。崔局长请调的理由很充分：舍愣俄语好，二连浩特的国际通信需要他；舍愣技术好，二连浩特具有国际通信枢纽的地位，因此需要他；舍愣踏实、积极又肯干，二连浩特邮电局更需要他。舍愣本意不愿来二连浩特的，他将母亲接到满洲里才住了几年，不想再与母亲分开，也不想再折腾母亲了，何况满洲里的物质生活条件远优于二连浩特。可他从崔局长殷切的目光中读出了真诚、期望和尊重，他还是说服了自己。就这样，舍愣 1956 年留在了二连浩特，负责国际通信方面的业务和管理工作，并当上了载波室主任，一个责任很大的小官。

1956 年 10 月 26 日，二连浩特邮电局副局长陈玉海介绍舍愣加入中国共产党。舍愣认定了，此生跟定中国共产党，海枯石烂不变心。

20 世纪 50 年代末期，邮电部门的劳动竞赛浪潮一浪高过一浪，舍愣以年轻党员的热情和干劲投入这股洪流中。内蒙古自治区、锡林郭勒盟按季度开展社会主义劳动同工种竞赛，按季度公布竞赛成绩、评比先进。他所在的机务站每次都能获得好成绩，上了自治区的光荣榜，成为邮电局的骄傲。

这时的舍愣，深感知识不足、本领还不强，他在想什么呢？

圆大学梦

1956 年，舍愣调到二连浩特市邮电局工作。他接来了母亲，住进了邮电局安排的房子，舍愣的生活再次变得平静而又温馨。玲舍玛开始操心儿子的婚事，儿子 20 多岁了，单位里有那么多好姑娘，难道就没有一个能打动舍愣吗？

而此时舍愣的心中，有一个连母亲都不知道的秘密：他要考人学，他要上大学。

舍愣更忙了。二连浩特邮电局规模很小，按邮电部制定的标准，是七等小局，加上国际邮件交换站也不过 20 多人，只有一栋小楼。因为局小，人员分工不很严格。舍愣积极又能干，领导安排什么他就干什么。他在报房可以拍电报；在话房可在国际话务员席值班，用流利的俄语接通电话；在机房更是一把好手，载波机原理他在满洲里邮电局时就已经熟练掌握。舍愣还充当线务员，20 世纪 50 年代的电路质量不好，有地气，用电桥测试判断障碍地点，需要掌握很多基础知识，否则线务员出去很远也不一定能找到障碍点。舍愣能熟练地使用电桥。

局长老崔和二连浩特邮电局越来越离不开舍愣这个什么都会干、从不讲价钱的"全天候"职工了。他们不知道舍愣在以怎样的毅力向着更高的人生目标迈进。

工作期间，舍愣也没有落下学习。他找来了许多高中数理化教材和学习资料，找来了在军委工程学校的基础课教材和学习笔记。他在认真思考和筹划着自己的大学计划，他已经22岁了，已经不算年轻了，要与应届高中生比拼，不努力、不拼命肯定考不上大学；但是，如果因考大学而做不好工作，那就对不起组织的培养，辱没了共产党员的称号，那上大学还有什么意义呢？

一边努力工作、一边刻苦攻读考大学的舍愣

1957年的蒙古族青年舍愣巴拉珠尔，真正到了人生最关键的时刻和命运的转折关头！此刻，二哥拉玛扎布浮现在他的眼前，二哥的嘱咐在他耳边响起："用功读书，做一个对国家有用的人！"舍愣不甘心、不服输，他要上大学，要从事科学研究，要当科学家，要成为孙俊人那样的人！

孙俊人是舍愣在张家口军校最敬重的长者，他是中国著名的电子工程专家，西安电子科技大学雷达工程专业的主要创始人，也是中国军事电子科研和教育事业的重要创始人和开拓者之一。孙俊人当过工校第一部的主任，为学校的师资建设、实验室建立、教书育人做了很多贡献。他还亲自给舍愣他们上课，他讲课非常好，舍愣听得非常明白。后来，孙俊人当了副院长，成为中国电子行业、军事电子科学领域的学术带头人，中国工程院院士。

母亲是舍愣的坚定支持者。儿子是草原的雄鹰，志存高远。儿子从小聪慧，所有教过舍愣的老师都说他是块好材料，是一块璞玉，只要雕琢，肯定是块好玉。玲舍玛从此再也不让舍愣伸手家务事，让儿子集中精力干正事、考大学。

舍愣开始了"命运大拼搏"，他活像一只在水面游走的鸭子，平静地在水面游弋着，水下的双蹼却在加紧划拉着。舍愣拼命地工作，完成所有本职工作，还要当好替补队员，干好临时交办的工作。晚上下班，他还要全身心投入数理化的汪洋大海之中。舍愣忘记了疲倦，向着理想冲刺。

命运垂青了舍愣，正当他信心满满地要参加1958年的高考时，邮电部的"调干生"政策像甘霖一样降落到基层邮电企业。国家规定，从1953年开始，凡在国营企业、事业单位和机关、团体以及中国人民解放军系统工作的正式职工，经组织批准调派学习或经本人申请、组织批准离职报考中等专业学校和高等学校的，统称为"调干生"。调干生的培养目标是，为党和国家培养又红又专的革命事业继承者和接班人。调干生有带薪和不带薪两种，单位保送的带薪，本人申请、组织批准离职学习的不带薪。调干生的保送条件主要是本人出身好、表现好。

邮电部从1958年起在部属邮电院校实施"调干生"政策。内蒙古自治区邮电管理局发来了文件，局长进行传达，鼓励大家报考"调干生"。二连浩特邮电局推荐舍愣作为北京邮电学院保送生。1958年5月，舍愣来到内蒙古自治区首府呼和浩特，参加北京邮电学院的"调干生"入学考试，两天时间考了数学、物理、化学和时事政治。舍愣考得很好，他很自信，似乎北京邮电学院已在股掌之中。1958年8月31日，舍愣收到了内蒙古自治区邮电管理局转来的录取通知书，他被北京邮电学院有线系录取。

舍愣在1958年9月2日的日记中写道：我的内心是多么高兴、激动啊！我甚至不相信这个消息，连着看了好几遍录取通知书。晚上吃饭前，我把录取的事情告诉了母亲，母亲表情复杂，既高兴又难过。她流着泪说："组织推荐你上大学，你又考取了，我们是愉快的别离，这是过去连想都不敢想的事。现在，你能上大学，这不是最幸福的吗？"舍愣心里又难过了，年过五旬的母亲又要一个人生活了。舍愣充满矛盾，一方面渴望大学生活，一方面难舍亲爱的母亲。

舍愣不善诗文，只是用质朴的话献给了母亲这样的诗篇。

母亲

这是个伟大的称呼

你哺育着人类

你培植着文明

你的功劳

像宇宙一样

无可比拟

而你

我的母亲

你的心比太阳还明亮

你的意志比钢铁还坚强

你教育了我

今天

为了我的学习

又宁愿一个人持家

敬爱的妈妈

我怎么能不感激您呢

我将想尽一切办法

要您生活得更好

要您生活得更愉快

敬爱的妈妈

祝您永远幸福永远健康

1958 年 9 月，舍愣准备去北京上大学。他的赴北京之路走得很坦然，他妥善安排好了母亲的生活。他是推荐调干生，带薪上大学，钱一部分用于供养母亲，余下的在大学用绰绰有余。新中国、新制度，舍愣是最大的受益者，而所有的这些都加大了舍愣生命里忠诚和奉献的分量。

第四章

芳华时代

舍愣第一次来北京，坐上了接站的校车。北京宽阔的马路，精神饱满的市民，巍峨的古建筑，堂皇的皇家园林，让舍愣的眼睛几乎不够用了。

　　此时的中国经济，像一部动力十足的机器，高速旋转着。

　　国家"二五"计划在神州大地再展蓝图。北京宛如大工地，到处彩旗飘扬，到处热火朝天，到处机声隆隆。为迎接新中国成立十周年，人民大会堂、中国历史博物馆、民族文化宫、北京火车站、全国农业展览馆等十大建筑投入建设。千年古城焕发出勃勃生机。北京邮电学院敞开胸襟欢迎全国的莘莘学子。舍愣投入了火热的校园生活，走进了芳华时代。

陈俊亮的点赞

紧张、快乐的学习生活和校园生活开始了，这些是舍愣所希望的，也是他奋斗得来的，所以他倍加珍惜。舍愣被编入 1963 级有线系 42 班，班里有几个调干生，其余大部分是 1958 年应届高考生，老师说他的调干生考试成绩排在全校调干生的最前面。

开学后不久，舍愣发现学校提供的俄语教材太简单了，他参加了一次俄语测验，仅用十几分钟就答完卷子走出考场。他来北京之前，已能用俄语同苏联话务员流利地对话，能用俄文与柳德米拉老师通信，能迅速浏览俄文报纸、杂志和部分小说。舍愣觉得这样下去会浪费时间，可又不知道该怎么解决这个问题。在一次班级讨论会上，他壮着胆子跟班主任提出了自己的疑惑：能不能免修俄语，改学其他外语。班主任从未遇到这种情况，就找到校教务处。教务处专门开会研究，决定给舍愣和其他几位同学举行一场俄语免修考试。舍愣他们顺利通过了免修考试，从此以后，班上的同学上俄语课，舍愣就跑到图书馆或者别的系去学英语、学日语。舍愣在军委工程学校已接受了英语启蒙教育，已能看懂通信设备的英文说明书，写作也没有太大问题，就是听力和对话不太好，他决心攻克它们。到大学毕业时，舍愣已能浏览英文报刊、简单地用英语对话了。张家口军校教英语的刘老师夸舍愣的记忆力好，这是学外语的必备条件。但是，即使外语天赋再好，若没有勤奋精神去激发，没有理想去催生，天赋也不会转化成才干。而舍愣的外语天赋转化成了能力，这给后来进入改革开放时代的舍愣插上了飞翔的翅膀。多年以后，1983 年，舍愣以 48 岁的年龄考取了内蒙古自治区访问学者，远涉重洋，访问研究，将自己的人生推向另一个巅峰。舍愣的记忆力的确好，2018 年，我通过视频对他进行访谈时，他对 70 多年前的往事，包括地名、人名、时间、事情始末、场景、当时的心理感受，信口道出，丝毫不犹豫。我再去核对文献资料，竟然相差无几。

舍愣在北邮，如鱼得水，感到了由衷的幸福和快乐。他在 1959 年的元旦日记中这样写道：1958 年最后一天，我们看了中央电视台宣传全国大丰收的电视节目，又在"哈哈茶社"品尝芳香的茶水，在 401 游艺室尽情欢笑，在具有共产主义风格的食堂吃夜宵，最后和同学们聚集在学校西门大广场上听新年的钟声。大喇叭里传来中央人民广播电台播音员夏青和葛兰浑厚而温婉的声音："1958 年过去了，1959 年来到了，展望新的一年，我们将取得更加伟大的胜利。"欢呼声响彻夜空，我是多么激动，我为能生活在这个时代感到自豪。什么是幸福？幸福就是能为党的理想——人类解放的崇高事业做一些事情；幸福就是为集体、为别人多做一件好事；幸福就是辛勤劳动后收获了果实。

舍愣的同班同学陈国光这样评价舍愣："他天资好，学习成绩在班级、在年级都排在前面，即使后来承担了学生会的工作，花费了很多精力和时间，他也始终没放松过学习。他的理解能力很强，善于举一反三、触类旁通，学习效率高。我那时家里很穷，买不起讲义，上课全靠听讲做笔记，有时候没听明白，就问舍愣；他不但耐心地讲解，还帮我改正作业。他还很善于管理时间，能腾出时间学习、博览其他学科的理论和知识。他曾津津乐道地跟我谈起航天，第一宇宙速度是多少，第二宇宙速度是多少，还有原子弹爆炸的原理。要是不费一番功夫，哪能知道得那么多！大约是 1961 年，舍愣当上了学生会主席，学习成绩照样优秀，还写了些学术性的文章，引起了校领导的注意。团委书记让北邮校报记者采访舍愣，用整版篇幅介绍了他又红又专的事迹，我们看了都很羡慕，都很佩服。舍愣的学习成绩与我们班的才女程时端不相上下，她来自上海，初中、高中阶段跳级三次，以优异成绩考入北邮。我们开始在一个班级，后来她去了师资班，再后来她留校当了老师，做了博士生导师。那一年，舍愣被评为北京市的'五好学生'（学习好、身体好、思想好、劳动好、能力好）。"

42 班的同学徐尊说："在北邮时，舍愣的好学很出名。他是调干生，完全跟着我们一块学习，一步一步地完成了学业。他钻研学问很努力、很得法，不像我们按部就班地学习。他的方法相当灵活，特别是进入专业课阶段，他有实践经验，有独到见解，载波通信、长途传输线路学得相当好，对数字通信新技术也有很深入的掌握。我们感到非常难懂的知识，舍愣学起来游刃有余，在整个年级里都是比较拔尖的，在有线系几百人中也是出类拔萃的。舍愣当学生会主席，一点儿没影响学习，他勤奋，理解问题也比我们快得多。"

舍愣所在的大班学术气氛很浓，大家都关注新科技、新技术的发展，舍愣就和杨晋儒等 4 人办起了"科技墙报"，同学们在上边发表一些做物理、化学、专业课实验的体会和经验，还有一些学术性的讨论文章。那时，舍愣对开关电路产生了十分浓厚的兴趣，阅读了很多文献资料，敏锐地感到由开关电路组成的通信系统最终将取代笨重的模拟装置。他觉得模拟通信对传输线路的要求太苛刻，对传输噪声没有纠错机制，不断叠加，造成通信质量严重下降；而且，模拟通信的复用成本很高，复用技术很复杂，体积大、耗电多、故障率高、经济性较差。这些都是舍愣在满洲里、二连浩特实际工作时的感受。

有一次，陈俊亮教授来班里上课，看了墙报上的文章，被一篇关于数字通信与模拟通信技术比较及相关技术发展的文章吸引了。他认真看完，抽出钢笔在文章的空白处题上了几个字：此文很好，有独到的见解。这篇学术性文章的作者就是舍愣。

陈俊亮何许人也？他留学苏联，取得了莫斯科大学通信副博士学位，来到北邮任教。他后来成为中科院和中国工程院双院士，是中国程控数字交换技术的奠基人之一，还是中国智能通信网的开拓者。20世纪60年代，他作为我国有线600/1200波特及无线600波特数据传输设备的主要研制者之一，担负研制我国第一颗人造卫星"东方红一号"卫星的无线信道数据传输系统的研究任务，是中国数字通信的领头人。他于20世纪80年代参加了"DS-2000程控数字电话交换机"和"DS-30程控数字电话交换机"的研制工作，负责程控交换机诊断程序研制，提出了数字交换网络理论模型与交换机测试诊断算法。20世纪90年代，他创造性地解决了智能网体系结构、业务生成、软件可靠性及过载控制等关键问题。

舍愣钟情于数字通信，颇有远见地预见到数字通信将取代模拟通信的大趋势。他还对数字通信技术的发展路径、关键技术突破进行了描述。他的毕业设计选的也是数字通信领域，答辩时受到导师的肯定。

又红又专的学生会主席

舍愣在北京邮电学院很出名，他刚入校就担任了大班的团支部书记，1959 年当上学生会副主席、军体部长，是又红又专的学生干部。舍愣还被评为北京市优秀大学生。1961 年，舍愣担任了北邮的学生会主席，被评为北京市高校"五好学生"。

舍愣当学生会主席，有政治地位，他努力帮助同学们解决问题。比如，大家对食堂有意见，就向舍愣反映，他就去找食堂，很快就能解决问题。寒暑假留校学生的就餐问题未解决，他会叮嘱小食堂做好饭菜，而且开饭时间要延长一些。对陈国光同学，舍愣更是格外照顾，陈国光生病了，舍愣就把病号饭端给陈国光吃，一碗面上还卧一个鸡蛋，比对亲弟弟还亲。1965 届同学吴基传，多年后在邮电部见到他，依然记得舍愣

1958 年，舍愣和北邮的同学们在颐和园

057

这个名字（那时舍愣已改名为郝为民）。

舍愣在北邮就读的五年，中国的政治、经济形势波澜起伏，舍愣被时代的巨澜裹挟着，以对党极其朴素的感情做出判断、做出选择。结合学习和工作的实际，他对党的路线、方针、政策和毛主席著作进行了系统的学习与研究。这一时期舍愣的日记中，载有很多学习心得体会，舍愣的认识水平、理论水平和辨别判断能力大大提高。

1960 年，学校组织学生到北京西郊的门头沟九龙山种树。九龙山属于太行山余脉，是现在北京西部的森林屏障，是旅游观光的好去处。这里空气清新、鸟语花香，站在九龙山巅，眺望北京风光无限好，只缘一览众山小。而在 20 世纪 50 年代，情况并不是现在这样，九龙山一片荒芜，自然生态恶劣。每年春季，大风将黄沙卷入北京城，遮天蔽日。九龙山地区在一段时期遭到严重破坏，山上的苍松翠柏被砍伐殆尽，用来炼制焦炭，九龙山几乎被削成了秃山。这里几乎没有像样的路，道路崎岖、狭窄，遍布荆棘。舍愣和同学们进了九龙山，在羊肠小道上艰难跋涉。他们住在老乡的家里，和老乡一起吃饭，都是红薯、糠麸等粗劣的饭食，没有蔬菜，更没有肉食。村里甚至连水都没有，要走很远的路到山脚下的小溪去挑水。5 月，山区的天气依然很冷，学生们要穿棉衣棉裤才行。他们在山坡上挖出一排一排的鱼鳞坑，种上松树、柏树、枫树、银杏树，一干就是二十多天。

陈国光是班里最小的同学，喜欢观察和琢磨事情。在老乡家，陈国光揭开锅盖，见里面只有红薯，灶台上一堆谷糠，没有一点儿荤腥，烧柴也很少。他就问老乡："日子过得好不好啊？"老乡说不好。陈国光又问："为什么不把麦子收割回来蒸馍吃？"老乡说干不干都没有太大差别。陈国光就在班级讨论会上反映了这些情况，发表了自己的意见。有人反对他的意见，陈国光就与其争辩起来。一时间莫衷一是，意见不能统一。舍愣说："陈国光反映的情况是真实的，按照组织程序向上反映问题没有错。陈国光提意见是对党负责，为人民负责。"舍愣私下做陈国光的工作，告诉他以后多读读毛主席写的《矛盾论》《实践论》，用辩证的、发展的眼光看问题，不要看到什么就说什么，要多思考少说话、多干事少议论。1963年，陈国光和部分同学一道去了内蒙古集宁邮电局工作。2019年6月，当我在集宁市见到已退休的陈国光时，他动情地说："舍愣同学是善良的，经过了社会的变革，他的善良本性也没有褪色。我到集宁工作后，没有被当作工程技术人员来对待，没评技术职称，而是按照普通岗位定级定待遇直到退休。舍愣多次找了内蒙古的相关部门，帮助我落实了高级工程师待遇，重新核定了退休金，由2000多元涨到了3000多元。"

情牵工农

舍愣自幼过苦日子，对工农有感情，在向知识王国阔步前进的同时，他一刻也没有忘记向工农学习，向生产实践、社会实践学习。舍愣从 20 世纪 50 年代开始写日记，一直坚持了 40 多年，日记中有许多篇幅是有关不断修身自励、学习工农、检视不足、培养高尚情操的内容。

舍愣在 1959 年 8 月 26 日的日记中写道：暑假快结束了，又要与母亲告别了。母亲的坚韧精神使我感动，她是位非凡的母亲，她那种勤劳和一切为了别人快乐与幸福的高贵品质，值得我学习一生。暑期，我与局长崔璧和副局长孟兴嘎到二连浩特东边的地方打猎，在大草地住了两天，接触了十几个在这里割苇子、编篱笆的工人，他们在草地深处搭起帐篷，每天三顿吃的都是小米饭加咸菜，没有蔬菜也没有肉。白天顶着烈日割苇子，蜜蜂大小的瞎虻轮番地进攻，咬上一口要流几滴血；晚上睡在潮湿的帐篷里，蚊子又来骚扰。他们虽然辛苦，但很乐观，很有干劲。我再一次体会到，奇迹出自平凡人，正是他们忘我的劳动，才使得祖国建设事业飞快地发展。一个人要在平凡的工作中创造不平凡的成就。

舍愣在 1960 年 3 月 26 日的日记中写道：下厂（华北无线电厂）劳动两周，通过在现代化大企业与工人接触，我有许多体会。

1.时代在迅速地发展，如果你今天没有比昨天提高和进步，就说明你已经落在时代后面一步了。如果有几天甚至几个月没有进步，那么，你就远远地被抛在了时代后面。

2.下厂劳动有机会与工人师傅深入接触，与生产接触，深刻认识到，时代飞速地发展，你的思想面貌也在迅速发生着变化。昨天你有社会主义思想，就算是进步，而今天你如果停留在这一点上，没有共产主义思想，没有共产主义的劳动态度，那你显然已落后了。工人同志们在思想上是纯朴而诚实的，他们对党抱有无限的热爱，他们劳动的态度是积极的，对生产的掌握是准确的，非常值得我学习。

1961年的暑假到了，为了使这个假期更有意义，舍愣决定留在北京，留在北邮，参加一些社会活动。他将母亲接来北京，住在寝室里，悉心地照料，从食堂打来母亲最喜欢吃的饭菜。学校批准母亲在校园里住7天，在此期间，他带着母亲参观北京的故宫、北海、颐和园，还上了八达岭，看北京"十大建筑"，逛前门大栅栏、东单王府井，品东来顺涮羊肉、北京烤鸭。母亲累了，舍愣就背着她边走边讲各处的历史典故、名人轶事，与老人家共享伟大祖国给予每个人的欢乐。含辛茹苦了大半辈子的玲舍玛，欢喜得脸上的皱纹都没了，她这辈子从没想过能到北京看看。蒙古族有句谚语：父亲的功劳可以用一件皮大衣偿还，而孩子一生的劳动，也抵偿不了母亲的恩情。送母亲回二连浩特后，舍愣每天锻炼1至2小时，以增强体质，保持健康。他坚持读俄文书和英文书，每天读《消息报》和《真理报》，提高外语阅读能力；认真学习《自然辩证法》和《论共产党员的修养》，还找来了许多中国历史、文化、经济方面的书阅读，总结北邮三年来的学习和实践收获，提高逻辑思维能力。

1961年2月24日，舍愣在日记中写道：国家出现经济困难，我作为共产党员，必须要学会过简朴生活。

1. 要发扬艰苦朴素的生活作风。国家经济困难，自己是调干生，有工资，经济条件比较好，就更要注意，特别是在用粮、用物方面，要学习革命前辈的优良传统，注意节约。

2. 积极参加各种劳动，在群众中应表现出谦虚谨慎的态度，要团结群众，关心别人应超过关心自己。把同学的疾苦当成自己的疾苦，把同学的快乐当成自己最大的快乐。

3. 共产党员是最有理想的人，是最大公无私的人，要努力做到"先天下之忧而忧，后天下之乐而乐"，越是有困难的事情就越应鼓足勇气去做，并创出好成绩。

舍愣这么说，也这么做。班里有个同学家里非常困难，领的助学金不够用，眼镜腿断了用胶布缠上接着戴，舍愣见了就说：快去换副新眼镜，钱我来出！

舍愣和同学参加北京十三陵水库劳动

陈国光告诉我，他和舍愣所处的年代，是卓娅和舒拉最受追捧的时代，是受《钢铁是怎样炼成的》熏陶和影响的时代。他们始终以卓娅和舒拉为榜样，不管多大年纪都不忘初心，始终跟党走。陈国光的话掷地有声。

　　1962 年春节前夕，舍愣回到二连浩特，与母亲过年。除夕这天，二连浩特各族人民欢天喜地，走上街头，唢呐和鼓乐齐鸣。舍愣白天帮着母亲做家务，和母亲一边听着收音机播放的美妙音乐，一边吃着蒙古族传统菜肴手把肉和肉粥。苏尼特羊产自锡林郭勒草原，脑袋很小，眼眶和鼻子、嘴巴、四蹄都是黑色的，酷似熊猫，牧民叫它"熊猫羊"。这种羊喜欢吃野韭菜、野葱，所以肉质极为鲜美，是大草原的珍品。母亲买了一只苏尼特羊，用羊排给舍愣做了他最爱吃的手把肉，把韭菜捣成泥，用羊油炸辣椒当佐料，用蒙古刀一大块一大块地割着吃或用手撕着吃。母亲还用煮羊肉的汤熬了肉粥，这更是舍愣的最爱。在舍愣看来，这两样东西就是天物，吃一辈子都吃不够。

　　除夕之夜，舍愣到二连浩特邮电局好友家里做客，大家一起包饺子、喝奶茶、品马奶酒，共享生活的甘甜，畅谈祖国的成就，举杯相祝美好未来。吃完年夜饭，他们又结伴去火车站观看锡林郭勒乌兰牧骑的演出。不同类型的蒙古族舞蹈轮番上演，令舍愣目不暇接。

　　第一个节目是《顶碗舞》，演员头顶着一摞瓷碗，身体快速地旋转着，伴随着优美的舞姿，但头顶的碗一直不会掉落，令人赞叹。双人舞《巡逻之夜》，群舞《草原铁骑》《公社月亮花》，内蒙古长调《海一样的草原》，表演唱《看望我们的边防站》，还有评书《肖飞买药》……节目很精彩，乐曲很激昂，台上台下的热流翻滚着交汇在了一起。安代舞、萨吾尔登舞、筷子舞、盅子舞、托普修尔乐舞、圈舞等蒙古族舞蹈轮番上

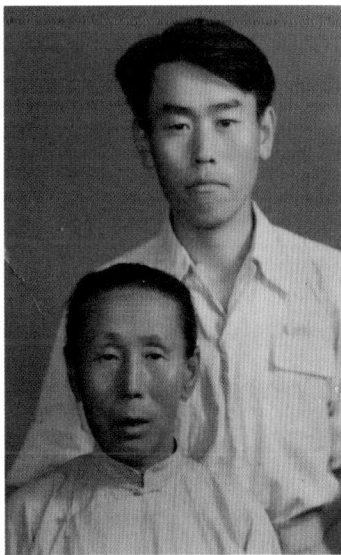

1961 年，舍愣和母亲的合影

场，舍愣和同伴们沉醉在欢乐之中。在一曲优美的音乐声中，几个身着盛装的蒙古族妇女带着几个儿童走上舞台，报幕员激动地说，"国家的孩子"和他们

的蒙古额吉给大家表演节目。

在国家经济困难时期，一些地方的儿童福利院人满为患，3000 多名孤儿无法安置，他们最大的 7 岁，最小的仅几个月。当时，全国妇联主席找到了中央领导反映这一情况，中央领导又找到内蒙古自治区人民政府主席，他提议发动全自治区牧民收养孤儿。很快，3000 多名南方孤儿告别家乡，保育员带着他们，坐火车、汽车、勒勒车，走进广袤的草原，投入蒙古额吉温暖的怀抱，骑上了蒙古阿爸的马背，内蒙古人民用自己的乳汁，用牛乳、羊乳、马乳、骆驼乳哺育这些国家的孩子，建立了很深的亲情。

额吉和养子们高歌一曲《社会主义好》，把晚会推向了高潮。台下的舍愣热泪尽情地流淌，手掌拍得通红。2019 年，为了创作《忠骨丹心——记郝为民先生》，我到内蒙古东部地区采风，驻足在锡林河畔的一尊雕像前，凝视着怀抱婴儿的蒙古额吉，赶车的蒙古阿爸，还有坐在牛车上的小女孩，我的眼泪流了下来。这是人间的大爱，被永远镌刻在历史的深处。据说在牧区长大的孤儿全都留在了大草原，留在了额吉和阿爸身边，用自己全部的心血孝敬他们的养父母。

小小的二连浩特张灯结彩，到处是欢快的锣鼓声，到处是悠扬的马头琴声，到处是身穿盛装的百姓，到处是翩翩起舞的人群，舍愣度过了一个终生难忘的春节，他几乎要融化在这喜庆的气氛中了。

舍愣暗暗下定决心，在北邮最后一年半的时间里，一定要取得更加优异的成绩，不断追求真理、追求最高标准，不辜负时代的期望，不辜负党和人民的培养，努力做一名攀登科学技术"珠穆朗玛峰"的突击队员！

1962 年 8 月 8 日上午 10 点，舍愣暑假回乡，参加了格日勒图敖都公社那达慕大会。那达慕，蒙语是"娱乐"或"游戏"的意思。改变后的新那达慕大会增加了新内容，首先是升国旗，两名身着蒙古族盛装的女青年，在《义勇军进行曲》中升起国旗，全场向国旗注目敬礼。比赛项目有摔跤、赛马、射箭、赛布鲁、套马、下蒙古棋等。升旗后，赛马和摔跤运动员组成的体育大队依次入场。公社书记吉布扎布作 1962 年公社牧业工作总结，向全体牧民报告生产成绩。大家一起跳起了欢快的舞蹈，马头琴声在草原上荡漾。下午 2 点左右，赛马进入现场冲刺阶段，草原上一片欢腾，只见远处一个小黑点朝会场箭一般地冲过来，小伙子骑着青马第一个冲向终点，2 位女骑手也进入前 9 名。草原几乎沸腾了！大会交给舍愣一项任务：卖黄瓜。舍愣用半天时间为公社创收 35 元。晚上看乌兰牧骑演出，舍愣心情激动，写了一首诗来抒怀。

是谁打破这寂静的草原

是谁的歌声在天空荡漾

你看

那边有人欢跳安代舞

这边马头琴声连一片

又是谁

在那里领头说唱

又是谁

在这边吹起悠扬的牧笛

你看

那边的琴者是斯琴

你看

那不是乌云在歌唱

是他们

党的文艺战士

是他们

人民的子弟

用那唱不完的歌声

赞美着今天的幸福

......

国庆之夜的梦想

1959 年，国庆十周年，天安门广场要举行阅兵，舍愣和同学们参加了通信兵检阅。大家个个精神饱满，跃跃欲试，要展现通信兵的风采。分列式训练提前 2 个月就开始了，舍愣要参加训练、检查训练、指导训练，协调参加阅兵的各个事项。这时，舍愣在张家口军校学会的本领派上了用场，他怕陈国光检阅时出纰漏，就单独训练他，教他如何正步走、如何摆臂、如何迈步，如何保持好军姿。舍愣告诉陈国光，通信兵就是战士，战士就得有战士的样子！党什么时候召唤你，你就什么时候站出来。60 年过去了，陈国光依然记着舍愣说过的话。

1959 年 9 月 30 日深夜 11 点，舍愣和同学们整装出发，先步行到西直门车站，乘车到王府井，这时刚好是国庆当天凌晨 1 点，大家坐在地上等待红日东升，等待检阅的到来。慢慢地，东方露出了鱼肚白，东方泛起了红霞，越来越红，一轮红日升起，舍愣和同学们沐浴在国庆的朝霞中。连夜走了很远的路，大家都饥肠辘辘，学校送来了馒头和咸菜，大家吃得很香甜。

国庆十周年阅兵规模超过以往，参加大典的首都各界群众达到 70 万人。舍愣沿长安街往天安门广场方向看过去，红旗招展、彩旗飘飞、人声鼎沸、万众欢腾。上午10点，长安街的高音喇叭里传来了雄壮的军曲声！11时许，分列式开始了，在大大拓宽了的长安街大道上，15个徒步方队、14个车辆方队，携带着现代武器装备通过了天安门。受阅部队官兵身着新式军服，佩戴军衔，英姿飒爽。第一个通过天安门广场的是军事学院方队，之后依次为水兵方队、步兵方队、空降兵方队和由144门各种口径火炮组成的7个炮兵方队，由99辆坦克和自行火炮组成的装甲兵方队；由国产喷气式轰炸机和歼击机组成的6个空中梯队的155架战机轰鸣着掠过天安门城楼。国庆阅兵最抢眼的是人民解放军"五"字开头的国产新式武器——五六式冲锋枪、五六式半自动步枪、五九式坦克；空中是国产歼五型歼击机，射出彩色信号弹向国庆十周年祝贺。

北京邮电学院方阵属首都民兵师通信团序列，一排背着无线电台，一排挎着冲锋枪，他们个个神情严肃、注视前方，昂首阔步，健步通过了天安门城楼。广场上的欢呼声、乐曲声、播音员的解说声，长安街上雄伟的十大建筑，他们听不到、看不到，他们只有一个强烈的意识，自己是祖国的千里眼、顺风耳，永远忠于祖国和人民，永远忠于党中央。

晚上8点，首都各界群众的国庆联欢开始了。北邮师生联欢在天安门广场人民大会堂东门外广场上举行，大家围成了一个大圆圈，伴着音乐跳起了集体舞。此刻的天安门广场灯火辉煌，流光溢彩，红旗和鲜花相辉映，热烈的气氛几乎能融化钢铁。大家时而唱歌跳舞，时而仰望绽放在夜空中的绚烂礼花，忘记了疲倦，忘记了时间，一切都凝滞在忘情之中！舍愣站在天安门广场，恍若置身于五彩缤纷的水晶世界中，人民大会堂、中国革命博物馆、中国历史博物馆、北京电报大楼巍峨耸立、熠熠闪光，十里长街是花的海洋、歌声的海洋、欢乐的海洋、红旗的海洋。在国庆十周年的狂欢之夜，蒙古族青年舍愣深深地爱上了北京，他感到他很难再离开北京了，他要努力再努力，考上研究生，争取留在北京，争取到邮电科学研究机构去工作，为祖国的通信事业做贡献。老师说他是干研究的材料，他要实现少年时就萌生的理想，做一名科学家，像二哥拉玛扎布说的那样，做一个对国家有用的人。

24 岁的舍愣，从未有国庆十周年之夜那样的笃定和自信，似乎他的目标已近在咫尺。

唯知跃进，唯知雄飞

1963 年 8 月，北邮 1963 级有线系 42 班的告别季到来了。

8 月 20 日，北京邮电学院第八届毕业生典礼在大礼堂隆重召开。院长孟贵民讲话，毕业生代表发言，院领导为各班代表颁发了毕业证书。

5 年刻苦攻读，舍愣拿到了鲜红的北邮毕业证书，内心无比激动、百感交集。此前，舍愣悄悄地复习功课，6 月参加学校的研究生考试，考试科目有数学、英语和基础理论，他感觉考得还不错，得到的消息也乐观，录取似乎不成问题。舍愣把喜悦掩埋在心里，一边向下届学生会主席交代着工作，一边去车站送同学奔赴工作岗位，一边焦急地等待着最终的结果。还有一件事令舍愣焦急，就是他的恋情，此时还没有结果。

舍愣心仪一位容貌清秀的女生，她来自沿海城市，喜爱运动、性格开朗、品学兼优。他们在昆明湖赏月、在北海泛舟、在林荫下讨论、在晚会上放歌，她学习好而且品貌端庄，舍愣的日记中频繁出现这个名字。他们有共同的理想、共同的爱好，舍愣深深眷恋着她。

然而，舍愣的研究生最终失败于数学成绩，只差 3 分。更令舍愣悲伤的是，爱情之果也枯萎了，也许是舍愣没有考上研究生，也许是舍愣很难留在北京，也许……舍愣第一次尝到了失恋的滋味，欲哭无泪。

鉴于舍愣在北邮的表现，组织研究准备让舍愣留校任教。但舍愣是"调干生"，内蒙古自治区邮电管理局怎么能放弃如此优秀的大学生呢？学校只好妥协了，舍愣要回内蒙古工作了。其实回内蒙古工作，舍愣早有思想准备，但心情总是无法平静。55年后，距离舍愣生命的终点仅剩下一年的时候，他说自己当时有种壮志未酬的感觉，自己是那么渴望从事科学研究，探索那无穷无尽的知识宝库。他多次幻想自己坐在实验室里，从事神圣的工作，为祖国电信科学解决难题、贡献智慧。现在，大家对他的期望落空了，留北京从事科研的愿望不能实现了，他既难过又遗憾。同学吴锦英、杨晋儒被分配到北京邮电科学院，其他同学有的去了邮电部情报研究所、北京电报大楼，还有的去了上海、广州、武汉等大城市……舍愣在北京度过了无限伤感的8月，浓重的失落感，以及失恋的痛苦，不知道让舍愣在深夜掉下了多少眼泪，无数个失眠的夜晚，他睁着眼睛可什么也没有看，他思绪纷乱、矛盾重重。老师和同学来送他，他深深眷恋的女生也来了，还送给他一个装帧精美的笔记本，上面写着一大串那个时代流行的励志语言。他有一肚子的话想宣泄、想倾诉，但理智告诉他不能。

1963年，北京邮电学院有线系42班毕业照

矛盾之中的舍愣，始终没有忘记自己进军校、带薪上大学的经历，也没忘记是谁把自己从一个穷孩子，培养成共产党员，培养成新时代的大学生。他想通了，这正是考验一个人能否牺牲个人利益，无条件地服从于党和国家需要的时刻。他来自企业，现在要回企业工作，到了兑现自我承诺的时候了。舍愣少年时期就参加了革命工作，那么多师长都告诉自己，要干一行、爱一行，干一行、钻一行，祖国的需要，党的分配，就是他的第一志愿。

舍愣的眼前再次浮现出国庆之夜的场景，就要告别北京了，但他的理想不能泯灭，他要用扎实的工作，去展现自己的才华；用自己的攀登去赢得荣誉，用自己的奋斗去实现理想。但他心中暗暗决定，北京，他还会回来的！

舍愣病逝后，征得他夫人姚凤英女士的同意，我详细阅读了舍愣留下的几十个日记本。这些日记跨越了20世纪50年代、60年代、70年代，直到21世纪初，透过舍愣的字迹，我与少年舍愣、青年舍愣、中年舍愣、老年舍愣进行着心灵的对话，我走入了舍愣的灵魂深处，被他不渝的精神、坚忍的意志、不屈的品格、忠恕的秉性深深感染，深受感动。

"青年之字典，无'困难'之字，青年之口头，无'障碍'之语；唯知跃进，唯知雄飞，唯知本其自由之精神，奇僻之思想，锐敏之直觉，活泼之生命，以创造环境，征服历史。"这段李大钊的话，伴随了舍愣好多年，但1963年，舍愣对这段话的内涵有了更深刻的理解。

就这样，我们的主人公舍愣，在1963年毕业季，怀着满腔的遗憾，带着对北京新生活的向往，带着无限的眷恋回到了内蒙古。多年以后，我读郝为民日记，发现当年他没有留北京，没有与心仪的女生走进婚姻殿堂，反而成为他之后奋斗的动力来源之一。奋斗，贯穿了舍愣（郝为民）的一生。

第五章

板荡人生

1963 年 10 月，舍愣回到了乌兰察布盟，来到集宁市邮电局工作。他对集宁一点儿也不陌生，在 1955 年建设集二国际长途线路时，与集宁局的干部职工常打交道。集宁局也欢迎大学生舍愣回来。

　　集宁地处阴山山脉灰腾梁南麓。与二连浩特不同，京包、集二、集张、集通、大准等铁路及公路在集宁交汇，京藏、京新等省际大通道在这里交织，集宁距离北京只有 300 千米。因此，集宁的战略地位十分重要。集宁还是大窑文化、仰韶文化、岱海文化的发祥地，被考古学家苏秉琦先生赞誉为"太阳升起的地方"。此外，集宁自然生态好，清凌凌的水、蓝莹莹的天，无论是物质生活，还是人文环境，都是一个理想的安居之所，舍愣要把母亲从二连浩特接来，在集宁好好地享享福了。

乌兰察布的爱情

1964 年春天，舍愣把玲舍玛从二连浩特接到集宁，局领导给安排了一间房子，与集宁线务站的线务员们住在一个大院里，母子俩跟他们相处得很好，条件虽然简陋，冬天要生火取暖，但从此，母亲又能天天看见儿子了。

舍愣在集宁市局技术股工作，主要负责载波室和传输线路的技术工作，这段时间，舍愣的情绪比较低沉，主要是思想活动比较复杂，归根到底一个问题，上大学后一门心思向往从事科研，研究生却没考上。好不容易读完大学，看到同窗学友分到科研单位或去大城市工作，自己却要回基层企业工作，他感到非常遗憾和失落。舍愣把想法说给母亲。玲舍玛道："遇事不能先考虑自己，没有党和毛主席的培养，没有新社会，凭我们家的条件，你根本上不了大学，也上不起大学。党和组织培养了你，是为了让你学成后更好地工作，你是内蒙古选送的，回来理所应当。"母亲还说："不能把自己想得过高。在讨论、研究问题时，要认识到自己懂得比别人少一些，这样才能虚心听取意见。不能总想干大事，小事也得有人做，回企业参加生产，我看是件好事。"母亲有文化，说出的话深深打动了舍愣，她总能在关键时候点拨他。

舍愣不断调整自己的心态，尽快适应工作、做好工作。他在 1963 年 10 月 30

日的日记中写道: "回到内蒙古后, 同事和领导亲切地称我为'工人知识分子', 邻居说我不是投递员就是线务员, 根本不像大学生。我心里高兴, 说明我没有知识分子架子。昨天下午, 局长崔浩把我叫到办公室, 跟我说为了加强电信股技术力量和政治力量, 决定调我到电信股担任负责人。这副担子的确不轻, 既有技术、又有业务, 既有日常管理、又有思想工作。全股有 85 人, 分布在 8 个生产班组, 涉及电报、市话、长途等电信生产环节。我刚出校门不久, 情况还不完全掌握, 生产过程还不很熟悉, 政策和思想工作方法也不成熟, 从未管理过这么多人, 深感压力大。今后的工作面广了, 担子重了, 应该抱着认真负责的态度千方百计完成任务。"

日记中还记录了 "今后应注意以下几点。

1. 认真学习党的路线方针和政策, 学习政治理论, 用先进思想武装自己。

2. 加强组织观念, 重大问题及时请示, 按月向领导汇报, 发挥党支部的战斗堡垒作用。

3. 坚持参加生产劳动, 与群众打成一片, 到各个生产车间参加劳动, 尽快熟悉设备、人员和生产情况。

4. 各方面以身作则, 做好思想工作。

5. 勤俭办企业, 以局为家, 爱护企业财物。

我就要开始具有挑战性的工作了。"

舍愣是怎样参加劳动, 与群众打成一片的呢?

舍愣在 1964 年 1 月 30 日的日记中写道: "天气很冷, 刺骨的感觉。上午和王世敏同志骑车沿通信杆路巡回检查。由局出发, 到了老虎山下, 然后顺马路西下, 再过铁路到桥西, 最后到了通顺街 1# 分线箱, 然后顺着北路返回。太冷了, 我们走一段路, 冻得发抖, 就躲进路旁的商店围着火炉取暖, 驱散一下身上的寒气。我们爬了 3 根杆子, 查看了分线装置。通过这次巡查, 我们对线路交接、分线设备状况有了进一步了解，真是百听不如一看啊。"

正当舍愣全身心地投入工作时，二连浩特邮电局局长崔璧正打着舍愣的"主意"，他知道舍愣大学毕业了，分到集宁了，心有不甘，舍愣是二连浩特邮电局送去深造的，就应该回二连浩特，为什么集宁要舍愣去呀？于是，他像当年要满洲里的舍愣那样，又给内蒙古自治区邮电管理局打报告，理由跟当年也差不多。管理局人事部门很犹豫，舍愣本来能留北京，是我们硬让他回来的，刚在集宁安顿下来，又要调到二连浩特，是不是有些太折腾了，有些不近人情啊？报告就在管理局延宕了几个月。可架不住二连浩特一个劲地催，那时工作调动不征求本人意见，调令直接下达：舍愣去二连浩特。

舍愣不愿意去二连浩特，上大学与母亲分别了五年，这才刚刚团聚一年。玲舍玛也不想让他去二连浩特，好不容易团聚了，工作也很顺利，为什么去二连浩特，但她又想，在哪儿都是为党、为国家工作。母亲对调动有意见，集宁的领导更有意见，舍愣在这儿干得好好的，凭什么说调就调。局长崔浩一直坚持不让调。二连浩特又继续催促，崔浩就有些"招架不住"了。但老崔很聪明，他算账的速度超过算盘，硬的不行我就来软的，老崔施的是"美人计"。

2018年12月25日，在北京市朝阳区的一幢居民楼里，在冬日的阳光下，郝为民的夫人姚凤英讲起了那段往事。"1964年的一天，局长崔浩把我叫到办公室，那时我刚从北京电信学校毕业分配到集宁邮电局不久，见到局长怯生生的。局长崔浩操着一口内蒙古兴和口音说：'小姚，我看你的档案了，家庭和学习成绩都挺好，档案里说你没有对象，没错吧？'我忐忑不安地看着崔局长不敢吱声。崔局长又说了：'我给你介绍个对象，是舍愣。'我当时倒吸一口冷气，感觉太突然了。我原来脑子里对舍愣没什么好印象，觉得他挺土气的，个子不高，穿着妈妈做的棉袄和棉鞋，长相也一般。我就搪塞说要回家跟我妈商量一下，怕家里人不同意。接下来，崔局长替舍愣说了一大堆好话，什么舍愣学习好、工作好，人品也好，这也好那也好，好得不得了，找个这样的对象可不容易，你要好好把握啊。过了一些日子，崔局长见我没动静，又把我找到办公室：'小姚，你想得怎么样了？'我说：'我妈妈和我哥都不同意啊。'崔局长有些生气道：'瞧瞧你，都这么大的姑娘了，怎么这么没主意啊，婚姻要自己做主的，你懂不懂。舍愣没问题，肯定是好人。舍愣就要调走了，你可想好了，千万别后悔。''如果你不跟舍愣谈对象，将来你要调动工作，我就不放你走，让你永远待在集宁。'我这时真有些害怕了，我那年 24 岁，正积极要求进步，特别害怕留下不好的印象，就同意和郝为民谈恋爱了。"

姚凤英

姚凤英，祖籍河南，后来举家入晋，父亲在牧区经商，育有 4 男 1 女，家境很好。富贵人家的女孩儿也上学，可凤英娇贵，父母疼爱她，嫌上学起早孩子受罪，就不让她上学，在家里教她识字。新中国成立后，她才上学，从小学三年级开始学起，后来考入呼和浩特一中，因品学兼优，1959 年年初中毕业后，她被保送进了北京市电信学校电报专业学习，1963 年毕业后，她被分配到集宁市邮电局报房工作。1964 年的姚凤英，芳龄 24，正是女孩子最有魅力的年华，姚凤英生的漂亮，明眸皓齿的，加上酷爱运动，是学校和集宁邮电局的羽毛球单打冠军，身材窈窕，一颦一笑，透着浓浓的青春气息。面对众多的追求者，小姚不为所动，直到回到乌兰察布，还没有哪个小伙子进入她的视线。

舍愣和姚凤英的罗曼蒂克历程就这样开始了，但两人的恋情一点儿都不浪漫，舍愣不会取悦姑娘，也不会说姑娘爱听的话。他们之间没有花前月下，没有海誓山盟。姚凤英喜欢开玩笑，喜欢运动，整天大大咧咧的。而舍愣整天严肃，从不开玩笑。有时舍愣下班去找凤英，女伴说小姚打羽毛球了。舍愣就说："整天就知道玩！"姚凤英嗔怪他："只有你进步，你整天除了工作还是工作！"但有一点凤英很佩服舍愣，他非常好学，技术非常过硬，对载波、线路、电源都熟悉，对电报设备也很精通，很受局长器重，年纪轻轻的就当了技术股负责人，管着那么多人，大家都很服他。有一次，姚凤英告诉舍愣，报房的电传机坏了，怎么也修不好。舍愣认真听小姚讲了一遍故障现象，想了想就告诉她，先看哪里，再看哪里，最后看哪里，怎么调整，说得很详细。小姚有些半信半疑。第二天按着舍愣的方法，很快就找到了故障点，手到病除。小姚对宿舍的姑娘们说，舍愣技术好，有真本事。大家就笑着逗凤英："快吃喜糖了吧。"

崔局长施的"美人计"没能拖住舍愣北上的脚步。1964年10月，舍愣第四次告别了母亲，告别了姚凤英，只身重返二连浩特。

舍愣调二连浩特邮电局两个月，席卷全国的"四清运动"开始了，前文提到的满洲里市邮电局局长，时任锡林郭勒盟邮电办事处政治协理员的潘福绵点将舍愣，由他担任锡林郭勒盟委四清工作队通信队副队长，为全盟四清工作提供通信保障。通信队队员为来自锡林郭勒盟各旗县邮电局的职工，共17人。12月25日，舍愣到盟委四清工作队报到。

姚凤英说："舍愣走了，一去就是几个月，我们只有靠鸿雁传书了。1965年4月下旬，乌兰察布盟举行练功比赛，舍愣来集宁开会。一天，报房的姐妹说收到舍愣单位发来的电报，命令他马上跟你结婚，然后返回四清工作队执行紧急任务！事情来得太突然了，姚凤英一时手足无措。婚事准备得十分仓促，没有装修婚房，没有制作家具，甚至没有拍结婚照，一切从简。我妈妈不同意我们的婚事，所以没来参加我们的婚礼。我二哥明事理、思想更开放，劝母亲说凤英是大人了，婚姻大事就由她自己做主吧。"

舍愣在新婚之日写道："今天是我结婚的大喜日子。4月16日，组织安排我回集宁学习设备管理经验，晚上到家，母亲拿出一封电报，是四清通信队来的，让我提前结束休假，并考虑是否可提前结婚，务必在5月5日前返回锡林浩特四清工作总队。21日上午10点，我和姚凤英一同到桥东居委会登记结婚。从此，我将担负起家庭重担，家庭是革命的集体，双方要一辈子革命到底，永远相爱，永远前进。这不是一件容易事。"

"今天（25日），我上街洗澡、理发，买了两株瓶花和两朵大红花。晚上8点在市局二楼的小会议室举行婚礼，参加的人很多，有局领导、各股室的同志，没有典礼、没有婚宴，局长祝贺了一下，大家吃吃糖就完事儿了。9点多回到家里，又来了一批同事，满屋子欢声笑语，送走了一批，又来了一批，都是载波室、自动室的同事、同学，大家边吃边谈，最后还喝了酒，情绪比较激动，晚11点多送走了他们，我和姚凤英谈了不少家庭生活的事，这方面也要取得统一认识。"

舍愣的婚房就是母亲住的那间小屋子，母亲给舍愣夫妇做了两床新棉被，凤英给自己买了套红色内衣，再贴上个大红喜字，这就是舍愣凤英的婚房了。三天后，舍愣返回四清工作队，一直到1966年年初才与姚凤英团聚。

舍愣和姚凤英就这样走向了婚姻殿堂，走向了责任，走向了共担，走向了50多年的相濡以沫。

重返二连浩特

舍愣在 1964 年 12 月 2 日写道："从集宁调来二连浩特快两个月了，这里地处中蒙边境，生活条件、工作条件都很艰苦，上级调我来这里，主要为了加强中蒙国际长途线路测试，确保通信质量。"

"下午，老陈到外面移机了，所以我得自己去飞机场那边处理障碍。我背上便携式载波机，脚扣子，保安皮带，还有一些铁线和工具，加在一起有 20 多斤重，在沙地上一步一个坑地向前走。12 月的锡林郭勒草原，朔风呼号，像刀子一样扎人脸。我一路南下，检查了 400 多根杆子，发现了障碍点——在 3 根杆子距离内有 3 处障碍点。修复第一个障碍用了 40 分钟，其余两处障碍也是 40 分钟。这是我大学毕业后，到基层工作第一次独立外出排除障碍。太阳快落山了，气温更低了，棉衣棉裤像是单衣单裤似的，冻得我浑身发抖。我做完所有工作，已是 17:30 了，身体几乎冻僵，没走几步就摔倒在地。我爬起来接着走，迎着太阳的余晖，瞭望着辽阔的旷野，心想在我们的国家，每天不知有多少工人、农民、科学工作者、解放军战士，为了给祖国多找一个矿位，多架一座桥梁，多打一粒粮食，保卫祖国安宁而辛勤地工作，用双手创造美丽的国家和幸福的生活。"

舍愣像个消防队员，哪里有情况，就到哪里。一天下午，二连广播站有线广播传送出了问题，他和王怀玉、臧玉秀去广播站，那里的工作人员正在修理控制器，试了几次都没排除故障。舍愣见他们检查故障没章法，这里碰碰、那里摸摸，看着使人着急。舍愣想还是尊重别人，让他们先查找，最后体会也就深些。障碍还是没有找到。舍愣这才上手检查，控制器本身是好的，接头也是好的，接电试试这些地方没有故障；接下来检查整流器，发现高压输出只有50伏，太低了，舍愣就检查电源盘，发现滤波短路，经测量发现有一个10微法的电容短路了，换上新的，控制器正常工作了；再接下来试验，他发现扩音器一接输出，就有杂音，指示灯就亮，像是外线短路。但测试证明中继线明明是好的。大家就交换各自看法，最后发现输入线和输出线是从同一个线孔进入的，没有做隔离造成串扰，改从不同进线孔进入，故障彻底排除。

从这件事上舍愣得出两点体会：1. 对别人帮助要掌握好时机，才能收到应有的效果；2. 要动脑筋，不管什么问题，多么复杂，一定要从基本的原理开始，一步一步地查找，不能急躁，不能蛮干。

工作之余，舍愣就向同事宝音满达胡学习蒙语，请他纠正读音，请他详细讲解语法，坚持了两个多月，舍愣的蒙语水平有了很大的提高。一天，同事李荣然捎来了母亲给舍愣的包袱，打开一看是一件衬衣和两条衬裤，透着母亲无微不至的关怀。12月7日，舍愣被内蒙古自治区邮电管理局定级为二级二等技术员。

1964年年底，二连浩特市邮电局召开总结表彰会，局长朝鲁公布了全局评选先进的结果，话务组被评为先进生产班组，舍愣、韩长彪、谭万祥三人被评为先进生产者，肖玉明、郭桂凤被评为生产能手，王炳兴被评为学习能手。

朝鲁在讲话中说："这些同志都是按照高标准、严要求、不照顾、不凑数的精神，严格按'五好'条件被评为先进的，他们从群众中来，又到群众中去，是经过反复讨论确定的。所以，有可靠的群众基础，做到了根红、苗壮，他们的工作突出，经得起检验。如舍愣同志，原来在集宁邮电局工作时，就一贯表现好，来这仅两个月时间就做出了很突出的成绩。由大局调到小局，由条件好的地区调到条件差的地区，舍愣同志没有丝毫的思想波动，坚决服从组织分配，来局后工作积极、认真负责。当时因局领导不在，他除完成本职工作外，还全面抓起了全局工作，表现出了高度的责任感。他对同志热情关怀、耐心帮助，敢于与坏人坏事做斗争。他处处以身作则，严格要求，坚持上岗制度，深入生产、深入实际，因而深受群众欢迎。"

舍愣加入的四清工作队进驻的第一个地方是东乌珠穆沁旗，位于锡林郭勒草原。锡林郭勒草原与呼伦贝尔草原、伊犁草原和那曲高寒草原并称为中国四大草原。锡林郭勒是蒙古族发祥地之一，是一片英雄的草原，成吉思汗及其子孙在这里奠定雄基伟业。乌珠穆沁草原，号称中国北方草原中最华丽、最壮美的地段，素有"天堂草原"的美称，这里是汇集了内蒙古九大类型草原的地区，也是蒙古族文化习俗保存最完整的地区，传统的蒙古搏克、悠扬的乌珠穆沁长调、斑斓的乌珠穆沁服饰、古老的游牧文明，展示了源远流长的乌珠穆沁历史和文化。

1964 年 12 月 27 日，舍愣和四清工作队的同事，经过 8 个多小时的颠簸，到达东乌珠穆沁旗旗委所在地喇嘛库伦。东乌珠穆沁旗位于锡林郭勒草原的东北部，这里的草原一望无垠。盟邮电处协理员潘福绵向通信队成员部署了保证社教通信的具体任务：

1. 提高话路质量，要求稳定、可靠；

2. 解决市话串音问题；

3. 帮助建立规章制度。

舍愣在日记中告诫自己，这些工作都很难，好做的、能做的前任都做完了，剩下的都是棘手问题，需要认真对待；我们必须调查研究，摸清情况，充分依靠和发动群众，调动他们的积极性，把革命干劲和科学精神相结合；要抓住主要矛盾，不放松，一抓到底，彻底解决矛盾。

锡林郭勒盟社教通信专业队全体成员

当时，锡林郭勒盟与下边通信的方式很落后，大多都是幻象电报，刮风下雨电路绝缘不好，电报传输质量就差，经常错报。1965年3月2日，舍愣在《人民邮电》报上看到了黑龙江省邮电管理局用半导体代替继电器的做法，这也是舍愣在北邮期间想过的问题，看来晶体管开关电路有实用价值。以东乌珠穆沁旗来说，没有标准继电器，通信质量就不稳定，舍愣决心攻克这一关。舍愣自己花钱托北京的同学买来晶体管，制作了开关电路，取代了传统继电器，效果很好，在质量较差的电路上也开出了电报电路。

在舍愣的带领下，通信队工作很有起色，标准化机房、规章制度建设取得了重大进展。他们学习上海市话局、黑龙江鹤岗局的先进经验，在全盟练功比赛中还夺了冠。盟委领导认为舍愣能力强，工作积极肯干，就把他调到了四清工作办公室，又过了一段时间，大家都传舍愣以后不能再从事业务工作了，要做地方工作了，可能要当区委书记、县委书记了，但后来也没有了下文。

转眼到了 1964 年年末，新年前一天晚上，舍愣和工作队的同事看电影《水手长的故事》和《谁是凶手》。看完电影，舍愣和同事们围在炉火旁，半导体收音机里传来中央台的新年节目——大型舞蹈史诗《东方红》、诗朗诵《红旗颂》。1965 年的新年钟声敲响了，播音员夏青语调浑厚高昂地播送着新年祝词。停电了，大家也不愿意散开，炉火在他们脸上一闪一闪的，他们一边听广播，一边畅谈着草原的新变化，憧憬着越来越好的生活。舍愣想到了母亲，老人已 60 岁了，身体越来越衰弱，照顾老人是大问题，他盼着四清工作早一点儿结束，快一点儿回到母亲身边。

1965 年 8 月，四清总队去苏尼特左旗开展工作，8 月 20 日一大早，他们一行人打点好行装，捆扎好行李，7 点半到盟委，8 点 15 分随盟委包书记乘吉普车前往苏尼特左旗，同行的还有盟委四清工作办公室苏藏同志。下午到了苏尼特左旗，他们一行人和王书记、策书记研究了下阶段四清工作，舍愣到旗邮电局询问了一些四清通信准备工作，晚上试验了长途线路情况。

夏日的锡林郭勒草原，宛若一幅巨大的风景画。这里有一望无际、空旷幽深的壮阔美，风吹草低见牛羊的动态美，蓝天白云、绿草如茵、牧人策马的和谐美。锡林河九曲十八弯，像是从天上飘落在草原上的洁白哈达。放眼草原深处，是起起伏伏黛青色的山峦，成群的牛羊安静地吃着小草；五颜六色的草原花朵尽情开放、尽显妖娆，山丹花、格桑花、金莲花、柳兰花，还有狼毒花、蚂蚱花，风姿绰约的矢车菊，像礼花般绽放的塔那花，夺人眼球的火烙草，精致小巧的木藤蓼，憨态可掬的地蔷薇，艳丽娇媚的红百合，还有许许多多叫不出名字的花。

8 月 26 日，工作队继续出发，十几分钟后就进入了东乌珠穆沁旗北部草原，东乌草原是干旱草场，雨水少，草长不好，牧民的日子不好过。他们在牧民拉德那的蒙古包里休息了一会儿继续上路，到了白音敖拉牧业队部，休息半小时再起程，下午到达驻地达来公社。27 日，他们前往红格尔公社。

1965 年 12 月 20 日中午，四清总队接到一项紧急任务，向锡林郭勒北部 7 个分团送一份紧急通知（绝密）。下午 4 点文件打印好，舍愣就带着一辆摩托车去二分团送文件了。夜幕很快要降临了，草原上没有路标，方向极难辨认，路也不好走，遇到沙土地他们就下来推着车走，80 分钟后到达白音敖拉分团。舍愣一行人吃了晚饭，天已完全黑了，四野漆黑一团，没有月亮，只有熹微的星光。同行的老梅说夜间行车有危险，驾驶员小敖的视力又不好，问舍愣能不能明天再送。舍愣立即把文件重要性又重申了一遍，摩托车吼叫着投入到暗夜中。摩托车在草原上急速行驶，舍愣一边看路，一边根据北斗星判断前进方向，还用里程数估算到目的地的距离，终于在晚上 8 点多到达白音宝力格公社分团，文件来得正是时候，没有影响工作。

1965 年，舍愣在锡林郭勒草原

四清总队司机达木丁，在舍愣眼里是个传奇人物。他性格开朗、待人诚恳。达木丁有两个独特的功夫，一个是认识路，一个是枪法好。他对这一带的地理环境相当熟悉，开着苏联产嘎斯 69 型汽车，在大草原上纵横驰骋，从来不会迷路。总团到分团送文件的路很不好走，他照样能按时、准确到达目的地，他好像身上比别人多一个认路的器官。1965 年 12 月 8 日这天，达木丁带着舍愣到白日乌拉和查干淖尔分团了解四清工作落实情况，草原上刮着沙尘暴，能见度只有几米。当车进入淖尔草原时，出现了 6 只黄羊，达木丁驾车直追，他一手握方向盘，一手麻利地拉开枪拴上子弹，擎起步枪瞄准，等瞄得差不多了，他一踩刹车，车停枪响，就打中了一只黄羊。舍愣也在车上开枪，开始打不中，等打到第五发子弹时，终于打中了一只。那一天，他俩打了6只黄羊，给四清工作队大大改善了一次生活。达木丁驾驶技术高超，有时候开着开着能把车前轮子提起来，用两只后轮前进。达木丁后来在锡林浩特盟委当了副处长，1994年7月22日，舍愣代表邮电部出席锡林浩特邮电局综合通信楼竣工典礼，两位30年前的战友在典礼现场重逢，紧紧地拥抱在一起，那天舍愣的酒喝多了……

在四清运动中，舍愣对贫苦牧民的生活有了切肤之感。舍愣与四清工作队办公室主任瀛海青深入牧民生活调研，有时候与总团长去做调研，与贫苦牧民同吃、同住、同劳动，住一间蒙古包，访贫问苦，开会调研，最长住了十几天。舍愣见识了牧民的苦寒生活，冬天零下三十几度，牧民们晚上睡觉把皮袄当被子，毡靴子当枕头，帽子不能摘。蒙古包是露天的，早晨起来鼻子、眉毛上都是冰碴儿。他们早饭喝奶茶、啃冻着的羊骨头，啃不动就得挨饿；晚上开会很难受，又冷又困，也得继续开。座谈会、调查会一个接着一个，别人只是听着，舍愣还要记录，归纳总结四清工作。

转眼到了1966年春天，舍愣与四清工作团总团长来到乌兰敖都牧业队队部，这里有很多平房，共7间。平房的东西两侧，是用红柳编成的荆笆围起来的羊圈，用草原上特有的油汪汪的黑土打了一圈矮墙，圈出了一个宽宽敞敞的大院子。一院子的妇女在明媚的春光里，一人按倒一只长毛羊，蹲在地上，五颜六色的蒙古袍遮住脚，五颜六色的头巾裹住头，手上的剪刀"咔嚓、咔嚓、咔嚓"有节奏地响着，她们的身子随着剪刀声有韵律地动着；她们的脸蛋儿像月亮花一样灿烂着……她们的动作是那样熟练、轻柔和流畅，与蓝天白云，与鹅黄嫩绿的草地，与四周的欢笑是那样和谐，那样美丽。

舍愣一行人到牧民阿格旺家，正赶上接春羔，草原的春天很冷，母羊都在后半夜下羔，牧民晚上每隔半个小时就要去羊圈盯一盯，怕冻坏了羊羔。母羊每胎只生一只羔，是牧民一年的希望。由于一些母羊第一次当妈妈，不会带羊羔，牧民要把湿漉漉的羊羔抱到蒙古包里，母羊在包外咩咩地叫，羊羔在包里咩咩地叫。舍愣当起了小羊羔的妈妈，给羊羔喂奶，不能多也不能少，不能烫也不能凉，就像哄孩子一样，舍愣好喜欢。舍愣见牧民放羊很轻松，就试着放羊，可累得浑身冒汗，羊还是到处乱跑，聚拢不起来。舍愣这才知道放羊也是有学问的，看似简单，实则蕴含许多知识。牧民虽然没有什么文化，但对放牧和牲畜管理相当精通，他们是能人，是干活的能手，是劳动英雄，面对艰苦的生活、恶劣的环境，

四清工作队队员舍愣

他们依然乐观。牧民夏天在山坡上放羊，冬天就到山坡下，这里窝风、暖和一些，牧民最了解自然，最懂得利用大自然。夏天，牧民的日子好过，冬天，羊仍然要在草地上啃食，这时牧民们最怕下雪，下小雪羊可以拱开积雪吃草，但雪下大了羊就要挨饿，要喂食干牧草，牧民的劳动强度非常大。舍愣和四清队员们渐渐与牧民们建立了感情，结下了深厚的友谊。

舍愣在1966年1月写的一篇日记中，记载了四清队员与牧民结下的深厚友谊。

"我们'下包'的地方是东乌旗贫苦牧民道丽格尔大娘家里，她有一个儿子叫巴图道尔吉。这是一户非常贫困的牧民之家，早先，大娘的母亲因为没有柴烧，用草来取暖做饭熏瞎了双眼，无钱医治去世。大娘提起这件往事就难过，她总说，如果是现在，母亲就不会去世得那么早了。新中国成立后，道丽格尔大

娘的生活有了很大改善，儿子上学读书了，大娘和社员一起劳动计酬，生活有了保障。

大娘对我们非常关心爱护。有一次，我出去拾牛粪（牧区的主要燃料），大娘说外面太冷了，穿上我的袍子吧。还有一次，老额（四清工作队队员）出去给羊喂水，大娘说这么冷的天，怎么能让你出去呢？说着就钻进风雪之中。过去，我感觉牧区牧民都是大老粗，没有文化，这次住进了蒙古包，感到贫苦牧民是那么亲切可爱，蒙古包像家一样温暖。

额海山同志提前一天回总队了，我第二天也要走了。晚间，大娘给我煮挂面，小巴图道尔吉也很高兴，大娘说她很早以前吃过一次挂面，小巴图说这是他第一次吃。吃一顿挂面，是再平常不过的事了，但对牧区的贫苦牧民道丽格尔大娘来说，几年才能吃一次。

第二天，我要骑马离开大娘了，她和小巴图依依不舍地送我走了好远，分别前，小巴图从他的小盒子里取出了仅有的 10 块糖果，告诉我这 5 块是给哥哥（我）的，这 5 块是给老额的，我说什么也不要，看见小巴图要哭的样子，我只好收下了。我已走出好远了，还能看见道丽格尔大娘和小巴图站在那儿挥手，好像站在天边一样。"

1965 年 9 月 30 日，舍愣借出差机会，来到了张家口军校旧址，从 1953 年 3 月 14 日离开，已经 12 年了。来到东山坡，学校早已迁往西安，现在是张家口日报社。舍愣想起当年在军校，每天在烈士纪念塔广场出操跑步的情景，心生感慨，仿佛又回到了火热的生活之中，耳畔又响起了当年校庆时大家唱的歌：

清河桥头风光好

长城脚下叶正红

在工程学校一年里

我们的意志比钢还强

……

1966 年 1 月 15 日的日记中，舍愣写道："上午没安排什么活动，我和工作队队员们穿上蒙古袍，背上马枪，骑马在草原上奔跑。广阔的锡林郭勒大草原浩瀚无边，一层薄薄的白雪覆盖着大地，我们呼吸着新鲜的、自由的空气，心情无比舒畅。"

此刻，草原天际线出现了翻滚的乌云，一场大风雪即将席卷而来。

诀别

四清工作结束后，舍愣回到了二连浩特邮电局。

不久，"文革"开始了，邮电局生产经营秩序被打乱，舍愣被停止了工作，下放到二连浩特附近的萤石矿劳动。

舍愣在二连浩特工作，母亲在集宁焦急地盼着儿子归来。舍愣本来有机会回集宁，第一次，1965 年 3 月，管理局下令调舍愣到集宁工作，而舍愣刚好在集宁出差，有人劝他不要回去了，反正内蒙古自治区邮电管理局有了调令。但舍愣觉得，锡林郭勒盟的四清工作总该有个交代吧，婚后没几天就返回了锡林郭勒盟工作队。潘福绵告诉舍愣："你暂时不能回集宁，工作离不开"，舍愣也没再坚持。1965 年 11 月，舍愣被调到东苏旗四清办公室工作，负责机要文书工作，曾随吉古斯（当时是内蒙古自治区党委宣传部副部长、四清工作团党委书记）下过 2 次牧区；1966 年 1 月中旬，随办公室副主任瀛海青下牧区；8 月底，四清运动收尾，舍愣本可直接去集宁报到上班，可考虑组织纪律还是给二连浩特邮电局打了电话，局长朝鲁说你先回二连浩特再说吧。阴差阳错，舍愣与回集宁失之交臂。多年后，舍愣回忆这段经历时说："这是命运的安排，是我一生逃不过去的一劫。"果然，回到二连浩特的舍愣陷入了命运的深渊。

1966年7月，母亲没有盼来儿子，自己却要离开集宁去东北了，不但人搬走，户口也要迁走。姚凤英听说后非常生气，就坚持不搬："凭什么让老人搬走？她体弱多病，儿子不在身边，回东北她怎么生活？你们还讲不讲道理？"玲舍玛对凤英说："算了吧，你叫舍愣回来，让他送我回黑龙江吧。"舍愣从二连浩特回来了，可他什么办法都没有。

1966年9月，舍愣送母亲回了黑龙江肇源县瓦房村。舍愣在日记中详细记载了送母亲回乡时的情景："老人走在通往瓦房村的田间小路上。田野被红色的高粱、金黄色的谷子、绿色的白菜染成了五彩世界，人们在忙着收割一年的果实。人的吆喝声、牲口的叫唤声交织在一起。母亲体弱，她走得很慢很慢，我想搀扶她，母亲不用，坚持走到了瓦房村的老院落。还是我小时候住过的院子，还是那几间房子，但已年久失修、破败不堪。晚上，昏暗灯光下，母亲用一种异样的眼光看着我，久久地凝视着，看得我都有些心慌，有些不自在了……"玲舍玛对舍愣说："你要处处谨慎小心，遇事三思后行。少说话，多做事。你就要当爸爸了，凤英明年春天要生产了，你再忙也要守在她身边，把孩子平安生下来，抚养好，把日子过好。我本想着帮着你们带孩子，可我这身子恐怕挺不到了……"母亲的声音有些哽咽，一种不祥的感觉像电流一样传遍舍愣全身，舍愣连忙劝慰说："额吉，你一定要好好活着，等来年春天凤英生产了，我就来接你回集宁啊。"夜已很深了，母亲给舍愣钉紧了衣服上的所有纽扣，缝补好破损的领口、袖口。舍愣陪了母亲3天，母亲就撵他回内蒙古，舍愣说再住几天吧，母亲说什么也不同意。母亲把舍愣送到了村口，对舍愣说："你是党的人，任何时候都要跟党走！不要惦记额吉，把工作做好，把凤英照顾好，凤英生了孩子别忘了给我拍电报。"舍愣看到母亲的眼泪像断了线的珠子落了下来。舍愣紧紧地抱着母亲说："放心吧额吉，一切都会好起来的，一定要等着我，等着做奶奶啊！"舍愣万万没有想到，这是母亲对他说的最后一句话，瓦房村一别竟成永诀！

1967 年 3 月的一天，舍愣收到了舅舅发来的电报，告知他母亲病危速归。舍愣的心飞向了瓦房村，飞到了母亲玲舍玛身边，他要去看望这个世界上最亲、最爱的人。此刻，一个平素与舍愣关系不错的同事，劝舍愣千万不要离开二连浩特，舍愣就犹豫了，给母亲寄钱寄东西，嘱咐舅舅照看好母亲，待这边安顿好了即刻去肇源探母。可几天后噩耗传来，母亲玲舍玛于 1967 年 3 月 12 日病逝，舅舅一家用一口薄皮棺材安葬了母亲。

舍愣捶胸顿足、追悔莫及，在暗夜里、在旷野上大放悲声，恸哭得几乎昏厥。他觉得是自己不孝，是自己害死了母亲啊，如果……如果……

玲舍玛，这位命运多舛的母亲，该吃的苦都吃过，该受的难都受过，她实在太累了，等不到春天了，等不到花开了，等不到见到儿子和即将出世的孙辈，生命之灯熄灭了，她再也不用忍受煎熬了。

雨果说："死亡是伟大的平等，也是伟大的自由。"

信仰的力量

　　舍愣命运出现了劫难，此刻，他痛彻地理解了匈牙利大诗人裴多菲的"生命诚可贵，爱情价更高，若为自由故，两者皆可抛"之深刻内涵。

　　大女儿红红出生了，32 岁的舍愣当上了爸爸，姚凤英盼着早一点儿跟舍愣团聚，共同抚育幼小的生命。舍愣心地善良，易轻信别人，不会保护自己，凤英担心他被人算计，可凤英的担心还是应验了。1968 年 11 月的一天，舍愣被隔离审查，停止了工作，失去了自由。

　　远在 300 多千米外的妻子姚凤英也面临着巨大的精神摧残。

　　身处困境的舍愣，把四卷《毛泽东选集》通读了几遍。1969 年春节就要到了，舍愣收到了姚凤英寄来的一只暖瓶，就是外壳用竹子编的那种暖瓶，舍愣疑惑不解地看了看，发现暖瓶没有胆，里面塞了满满的食物：一只熏鸡、油炸的各式奶果子（用牛奶和面粉和面，做成盘口形状，再用油炸）。舍愣还发现这些东西都是用报房的业务用纸包裹着的，他暗自为凤英庆幸，凤英还在电报科工作，没有受到冲击，舍愣放下心来，眼泪夺眶而出，凤英好，孩子也不会有问题。

　　舍愣不知道，这包东西是姚凤英费尽怎样的周折寄来的。1969 年春节前夕，姚凤英的母亲带着姚凤英的大女儿回到了集宁，母亲对姚凤英说，"快过年了，寄一点儿东西给他吧。"姚凤英就买来了熏鸡，母亲亲手炸了奶果子，老人当初不同意凤英的婚事，但她是善良的，始终惦记着舍愣。凤英找到邮政营业的姐妹，悄悄地将食物塞进暖瓶伪装起来寄给了舍愣。姚凤英特意找了电报纸包熏鸡，希望给舍愣一些暗示。舍愣、姚凤英这对患难夫妻，以这种特殊方式传递着信息、信念和希望。

1969 年的春天，舍愣终于感受到了大自然的复苏。

有一天，舍愣听到街上传来了唢呐锣鼓声和高音喇叭声，仔细听是中国共产党第九次全国代表大会胜利召开。他在 1969 年 5 月 14 日的日记中写道："今天，我被通知去参加邮电局举办的学习班，提高认识，要好好参加学习，争取早日回到革命路线。"

2019 年 6 月 15 日上午，我见到了退休老人肖玉明，原二连浩特邮电局国际话务员。他思想进步、工作积极，在东苏旗工作了 5 年，有位线务员一上杆子就浑身哆嗦，她就上杆子帮着干活，线务员那套活她全都会。到二连浩特当话务员，她下了夜班就去修线路，一边查看一边修理，背着工具走 16 千米。她说："舍愣在二连浩特时，多次被评为先进工作者，舍愣那时经常组织年轻人参加活动，二连浩特不产蔬菜，他就组织职工到外地买土豆、圆白菜分给大家，还帮困难职工送到家里。舍愣的技术和业务高超、平易近人，同事有缺点他也会指出来，是个很好的同志。"听说我正在写舍愣的书，肖玉明老人伸出了大拇指。

一封家书

1969年5月11日，在神州板荡岁月，身陷囹圄的舍愣给妻子姚凤英写了一封信，他甚至在信中回顾一生，交代后事，深刻忏悔，寄望妻女。

"凤英，你好。

我生在动荡时期的东北，父亲和姐妹在1943年春夏病死。母亲把我抚养长大，后来，我和母亲到乌兰浩特生活，在第五小学读书，毕业后考入兴安中学，那时生活相当困难，我经常要跟大人上山砍柴担到集市上卖，以维持生活。母亲做零工，给富人家打短工，挣一点儿钱供我上学。我的求知欲很强，经常天不亮就到学校，晚上利用学校灯光学到很晚才回家；中午吃从家里带去的窝头，有时饿肚子读书。

1950年，我报名参军到张家口军校学习，从此参加了革命。离家时，我没有钱置办行装，只有一条裤子，还是表哥吉儒木图送我的。我分配在张家口军委工程学校第22区队学习，那时形势很紧，除了上课、实习外，晚上还要站岗放哨。到了学校，部队发了冬装，同志们看我的内衣裤和鞋袜都破了，纷纷拿出自己的给我用，我感到了革命大家庭的温暖。学校课程很紧张，英语和化学我从未学过，大家就给我补课，帮助我。

团支部书记王振跃介绍我入团，系主任是关震，杨丽萍、肖钧泰、沈布贵先后当过班长，我曾担任区队的文娱委员。1953 年 3 月 14 日，军校毕业，我们都争着去朝鲜前线，但朝鲜已停战，不需要无线电报务员了。我被分配到满洲里邮电局工作，改行做载波，维护有线电报。1955 年 5 月，邮电局调我参加集宁—二连浩特通信线路工程建设，往返于集宁和二连浩特之间验收器材，参与工程安装。同年 10 月至 12 月，参加完载波设备安装，管理局下令调我去二连浩特市邮电局。这一期间，我在做好工作的同时，将主要精力放在了学习文化课上，学完了高中全部数理化课程，准备报考大学。我还经副局长陈玉海介绍入了党。1956 年，我把母亲接到二连浩特。1958 年 5 月，单位保送我到北京邮电学院学习，8 月初北邮寄来了考试题，我通过了数理化三门课程考试，数学得了 90 多分，8 月 30 日，我收到录取通知书，9 月 1 日到北京上大学。

1963 年大学毕业，内蒙古邮电管理局来函要求我回内蒙古工作。母亲随我从二连浩特搬来集宁。工作不久，局长让我负责管理工作了，我的工作得到了各方面的肯定和赞扬。1964 年 8 月，邮电管理局调我到二连浩特，因为中央检查组在二连浩特邮电局检查时，提出了批评意见，自治区邮电管理局决定加强口岸国际通信工作，派我过去，主要因为我会外语，又是蒙古族，这是组织对我的信任。1964 年 12 月 23 日，我接到锡林郭勒盟邮电处的通知，要我到盟委报道，参加四清运动通信组工作，一直到 1966 年 8 月 29 日，四清工作队撤出东苏旗。

1969 年 1 月 13 日，我被隔离审查。我们结婚 4 年了，在一起的时间最多只有半年。在班房里，你给我寄来苹果，我喜出望外，最想吃的就是苹果。

凤英，我母亲年轻守寡，把我抚养长大，没过一天好日子，临终没能见到自己的儿子。送她回黑龙江途中，母亲患病走不动路，都不让我去搀扶一下。她再三嘱咐我要好好工作，不要惦念她。我走出瓦房村已很远了，回头还能看到母亲孑然伫立的身影。她在离开集宁的时候，还把平时省吃俭用攒下来的150元钱，偷偷留给了我们。舅舅说，母亲临终前双目失明，含着眼泪连声呼唤着我的小名：长站，长站……就这么离开了人世。我追悔莫及，我对不起母亲，我辜负了她对我的殷切希望。

凤英，这封信不是一封普通家书，他叙述了一个共产党员，一个热情豪放、血气方刚的新中国青年的人生历程。我过去烟酒不沾，现在学会了吸烟，每天一包都不够，彻夜失眠，下肢发痛，发烧，小腿出的虚汗有时会浸透被子，头总是剧烈疼痛，眼角发干，视力衰退，勉强支撑着度过每一天。

党和人民给予我的知识我还没有完全发挥出来，我的精力还没有竭尽，不管在哪里，我都要用毕生的精力，为祖国、为人民做有益的事情。"

同时，舍愣还写给女儿郝云鹏一封信：

"红红：

你要认真学习毛主席的书，感恩共产党，热爱新中国，学好本领，孝敬母亲，做一个自食其力的劳动者。我送给你以下东西作为纪念。

一套《毛泽东选集》精装合订本；

一尊从20世纪50年代起就带在身边的毛主席塑像；

一套在军校穿过的旧军装；

一件穿过的旧工装和一把钳子；

还有我的日记和写给你妈妈的信。"

涅槃重生

卢梭说，磨难对弱者是走向死亡的坟墓，而对强者则是生发壮志的泥土。

1969 年 5 月，舍愣带着肉体和精神伤残回到了集宁。姚凤英这样描述她见到的丈夫：他头发长长的，几乎遮住了面颊，他面无血色，又黑又瘦，走路有些蹒跚，双手红肿，脚踝处有两个黑乎乎的洞。姚凤英欲哭无泪，舍愣抱起襁褓中的女儿，亲吻着女儿，命运险些让父女天人相隔。

1969 年 8 月 31 日，舍愣办理了调转集宁的手续，他要尽快告别二连浩特这个伤心之地，他要与妻女团聚。他多么渴望一个平静、安宁的地方，与妻子、女儿安安稳稳地过日子。

舍愣原来性格十分开朗活泼，经过这场磨难，他变得沉默寡言，谨小慎微，但他的内心强大起来，就像"只能把铁炼成钢，却无法把铁烧为灰烬"。舍愣经历了苦难，而苦难是人生的老师，通过苦难，经受洗礼，走向刚毅。

舍愣回家后什么也不吃，只想吃咸菜，在家里休息了一段日子，姚凤英四处求医问药，托人买营养品给舍愣吃，后来舍愣就到北京、青岛看病了。那时，他们家里没有钱，都是借单位、借亲戚朋友的，总数超过了 2 千元，这钱每月从舍愣、姚凤英的工资里扣。

1969 年年底，舍愣的北京同学杨晋儒接到电话，赶到了前门附近的小旅馆，见到了阔别 6 年的舍愣。当时杨晋儒的心里咯噔一下子，急忙问道："老郝你病了？什么病啊？"这时的舍愣，与 1963 年离校时判若两人。他骨瘦如柴，动作迟缓，手上、脚上遍着伤疤。舍愣说他是来北京治病的，然后就以平缓的语调讲述着过往的经历。杨晋儒同情舍愣，帮助他联系医院治疗。

姚凤英说："其他有相同经历的人要补助，要工伤，要赔偿，可舍愣什么也不要，也不去找，最多就是写一封信了事，给不给也不管。"

舍愣在家里为母亲设立了灵堂，他人生最大的痛苦之一就是丧母之痛。母亲在瓦房村独自一人生活，在凄风苦雨中熬着岁月，盼着儿子来接她回家。漫漫长夜，一盏孤灯，老人的生命干涸了、枯萎了，她没能熬过 1967 年漫长而寒冷的冬天，在松花江畔的小村子里，带着对儿子的眷恋，带着对儿子的牵挂，告别了这个世界。舍愣不能原谅自己！为什么接到舅舅的电报，知道母亲病危没有去看望母亲？为什么送母亲回肇源时不多陪母亲几天？为什么离别之夜没有读懂母亲深情的目光？为什么？为什么？一连串的为什么，舍愣诘问自己，母亲在你心中究竟是什么地位？舍愣记得 7 岁时，父亲病逝，母亲悲痛过度生命垂危，昏迷中的母亲紧紧握着小舍愣的手，那是母亲割舍不下小舍愣啊，她在与病魔做着顽强的抗争。舍愣记得，上军校的前一天夜里，母亲几乎一夜没睡，在灯下给舍愣缝补衣裳，那时家里穷得连一块像样的补衣服布都没有，母亲把自己的衣服拆了，给舍愣的内衣、内裤补上补丁。舍愣记得，在北邮读书的 5 年，在参加四清运动的一年半时间里，母亲来信，教导他、鼓励他、勉励他，寄来包裹，里面有她一针一线缝制的衣服，还有她用省下的钱买来的奶粉、饼干、黄油和牛肉干。舍愣记得，在 1964 年的除夕之夜，母亲做好了手把肉、肉粥，还有酒，母亲谈起了幸福生活，高兴得脸上放光，要舍愣永远跟党走不动摇。舍愣记得，在大婚之日，母亲流泪了，母亲又笑了，新婚之夜的舍愣盖上了母亲赶制的新被褥，从里到外地暖和。舍愣屈指算算，自 1950 年到母亲去世的 17 年中，舍愣 3 年在张家口军校学习，5 年在北京上大学，2 年参加四清运动，1 年参加集宁－二连浩特长途线路建设，还有 2 年母亲独自在二连浩特生活，舍愣与母亲团聚的时光只有短短的 4 年。

舍愣今生再不能报答母亲了，盼着来生再做她的儿子。

舍愣深感对不起的第二个女人是姚凤英。他们 1965 年结婚后，总是聚少离多，她独自在集宁工作，那时要求很严，一旦报务员说电传机打不出字了，就用表计时，技术人员不能按时修复就记录在案。凤英走夜路上班，混乱的日子，她坚持工作，直到临产了才休息，舍愣没有尽到做丈夫的责任，更对不起已经两岁的女儿。他们的第一个女儿在 1967 年出生，取名郝云鹏。凤英是个好女人，她好学上进，在北京电信学校，是班里成绩最好的，是班长也是团干部。1963 年，凤英毕业实习时考上了北京邮电学院函授学院，分配到集宁后继续坚持学习，生孩子了、哺乳都没影响学习。舍愣不知道，姚凤英是怎样渡过那些凄风苦雨的夜晚，是怎样誓死捍卫他们的爱情，在人人自保、人人自危的时刻，凤英相信舍愣，舍愣绝不是坏人！

历史总要翻开新的一页，经历苦难的舍愣会停下奋进的脚步吗？不会的！奋力前行的舍愣，期望什么呢？他期望神州不再板荡，祈祷他的后代能够从此在安宁、幸福中生活和成长。

第六章

困厄中奋进

有人说苦难就是不幸。是的，苦难常常把人逼到无奈和困惑的地步，人也往往因此得以最大限度地发挥自己的潜能，体现自己的价值。苦难又是段风雨路，跌倒了爬起来才知寻路的重要和开路的不易。而走过那段泥泞坎坷，前路还有什么可畏惧？

　　我们的主人公舍愣没有在苦难中沉沦、委顿，因为舍愣心中的梦想还在，因为他读进大脑的书还在，世界没有悲剧和喜剧之分，如果你从悲剧中走出来，那就是喜剧，如果沉湎于喜剧之中，那才是悲剧！

　　1969 年年底，舍愣来北京治伤，对杨晋儒说："老同学，我把名字改了，以后叫'郝为民'了，一是牢记蒙汉两族的友谊。二是这个名字意为好好地为人民服务。"在以后几十年生涯中，郝为民一直以自己的名字勉励和鞭策自己。

科学攻关

1969 年，郝为民从二连浩特调来集宁，集宁邮电局办了一个家属工厂，生产电话线，郝为民带着郭如德等几个人在一间空房子里办起了电话线厂。他找来电话线生产的技术资料，认真研究生产工艺、产品标准、质量控制方法，还到几家同类厂家参观学习，很快就弄明白了电话线生产管理全过程。他还跑设备、跑铜材指标、跑塑料指标、跑电话线销路，工厂生产启动了，拉丝机从铜锭上拉出了细如毛发的铜丝，绞线机再把细铜丝绞成粗铜丝，最后是过塑，电话线就生产出来了，质量不错，一些职工家属上班的问题得到了解决，集宁邮电局上上下下都觉得郝为民是个很有能力的人。

办厂两年多，到了 1972 年，郝为民当上了电信股股长。1973 年，郝为民被内蒙古自治区邮电管理局任命为集宁市邮电局副局长。一个酝酿已久的科学攻关计划也悄悄成熟了。

20 世纪 70 年代初，集宁邮电局的市内电话使用捷克产的步进制自动交换机，但市下属的旗县采用人工交换，所以旗县的电话用户联系集宁的电话用户，要通过旗县话务员来人工接续，接续速度很慢，话务员劳动强度也大。舍愣想研发一个装置，安装在各个旗县，旗县的电话用户直接拨打集宁用户的电话号码，就可

1972年，郝为民与集宁市邮电局同事研制了长途半自动接续设备，图为正在调测设备

以立即接通，省去了旗县话务员的操作过程。舍愕开始没日没夜地看资料，研究长途自动交换的信令标准，还向在北京邮电研究院的同学讨教。他决定抛弃传统的电子管，采用晶体管技术来设计电路。郝为民拿出了半自动接续设备的设计图，上班子会研究后，成立了以郝为民为主，郭如德、陈绍文参加的集宁局长途半自动拨号革新小组。我在2019年6月13日，来到郭如德老人家中了解这件事情，郭如德说："我当时在电力机房工作，那时用的半自动长途接续设备，完全是郝为民提出来的，我那时连半自动是什么概念都不清楚。主导意见、设计构思都是郝为民提出的，图纸也是郝为民画的。郝为民怎么说，我们就怎么做。制作长途接续设备的印刷电路板是我们自力更生完成的，主要是为了省钱，局里虽然拨了研制经费，但很少，要省着用。我们先用油漆在覆铜板上画上电路连接线，然后在浓硫酸里腐蚀电路板，熏得眼睛生疼。电路板毛糙需要打磨，我们舍不得用砂纸，就在沙子里用手来搓，搓得手上起血泡。二极管、三极管、电阻和电容大多是委托郝为民外地同学采购的，物料齐全了就动手焊接安装，很快就做出了第一套装置，装置很小巧，通过测试以后，装置于1973年7月6日安装在丰镇－集宁的长途线路上，这'家伙'很好用，在丰镇拨叫集宁的电话，一拨就通，丰镇在内蒙古自治区第一个实现了长途半自动拨号，丰镇支局节省了一名话务员，接续速度明显提高，这件事很快就轰动了全自治区。"

106

郭如德还说："郝为民肯钻研、踏踏实实、爱动脑子，一般人比不了。当时内蒙古有那么多邮电学院的毕业生，有那么多内蒙古邮电学校的毕业生，没有一个人提出这个问题，人家老郝就想到了，这不是偶然的，与老郝长期在基层工作，知晓话务员甘苦，同情基层员工有关，与他想通过技术手段减轻基层员工劳动强度的愿望有关。老郝任劳任怨，做人低调，在载波室干得很好，爱钻研，从来不多说话，从来不表白自己。"郭如德和老伴尚香云曾到北京看望过郝为民。"当时，老郝在北京东方卫星公司当总经理，我给他带了内蒙古

郝为民技术精湛，图（左）为他正在指导同事检修电信设备

的莜面，老郝那时很忙，见到我们很亲切，之后我就再没有见到郝为民，但在电视里常看到他。"尚香云当时在集宁载波室工作，说郝为民在技术上绝对是把好手，那时，载波机房设备是苏联、匈牙利等国产的，国产的不多。郝为民懂英文、俄文，对这些设备了如指掌，大家都很信任他、佩服他。

我在集宁市联通分公司档案室，看到了集宁局长途半自动拨号革新小组在1975年1月31日上报的一份总结报告，讲述了他们制成准电子式长途半自动接续设备的过程，摘要如下。

"为提高长话接续速度，我们试制成功了准电子式长途半自动接续设备，为改变集宁地区通信落后面貌出了力。1973年以来，磁石局丰镇、商都、二连浩特、后旗、兴和、前旗、中旗、凉城对集宁（包括呼和浩特）的14条电路先后开通了，上述各局对集宁（呼和浩特）的去话，绝大多数话务量已由半自动电路

承担，简化了业务手续，提高了接续速度，减轻了受话局压力。丰镇局连续 4 个月使用情况统计显示，半自动接续量已占总量的 70% 以上，长话接通率由 88% 提高至 92.6%，长话逾限率由 18% 降到 9.9%。其他局也有不同程度的提高，仅集宁局就节省话务员两人。呼和浩特方向电路去话业务量增长 27%，退号率下降 0.1%，逾限率下降 15.1%。用户反映，长话比以前接得快了，等候时间短了。话务员也说。接续比以前方便了，服务更主动了。上级有关部门认为，该设备结构简单、制作容易、性能完善、造价低，是提高长话接续速度的正确途径。

在当时的环境下，集宁市长话业务成倍增长，通信设备一再增加，但仍适应不了需求。为此，集宁局成立由工人、干部、技术人员组成的长话半自动接续革新小组，但在电路设计时发生了分歧。多数人员主张采用晶体管电路，理由是学习外地经验，也有的人员认为，晶体管方案难实现，主张等一等、看一看，别人做成了咱们再照搬，不用担风险。针对这些思想，我们经过系列学习，大胆采用晶体管电子电路。经过两个多月日夜奋战，终于试制成功磁石对自动的半自动接续设备，安装在丰镇局试用。

在试制过程中，我们发扬自力更生、艰苦奋斗精神，没有资料自己找，没有材料搞代用，仪表不全靠实践，用市内一级选组器代替长途一级选组器，用普通电容

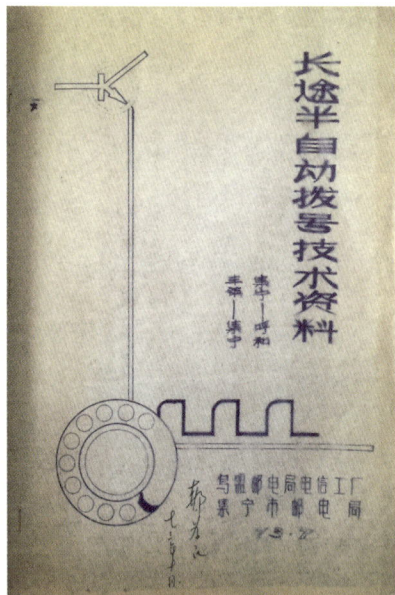

郝为民主持编写的长途半自动拨号技术资料

器代替标准电容器，用次品可控硅代替正品可控硅，没有电子毫秒计就自制了一套发送和接收测试装置，先放到空闲电路上试验成功，再安装到业务电路上运行，保证稳定可靠的疏通话务量。

一年来，我们不断改进设备，对磁石局至共电局的发送中继器改进十多次，对自动局来话中继器改进十几次，将人工控制占拆线改成电路自动控制，并增加了相应的可视信号等，使性能更趋完善，电路更加简单。目前，已具备占线、拨号、振铃、再振铃、插听强拆、拆线等功能；最后，收盘 3 只继电器改为 1 只，阻容元件 56 只改为 23 只，发盘元件也有减少，降低了成本（原每路 300 元降为 100 元），缩小了体积，机架整齐美观，便于维护测试。"

1973 年 10 月，内蒙古自治区邮电管理局在集宁市邮电局召开"全区邮电技术革新经验交流会"，邮电部专程派人前来，听取和观摩了半自动接续设备的运行情况。1974 年，在邮电部桂林维护"双革"会议上，这个项目被列为全国邮电技术革新成果重点推广项目之一。1975 年 10 月 7 日，集宁局又开发研制出了自动局对人工局的半自动长途接续设备。1975 年 11 月 11 日至 13 日，内蒙古自治区邮电管理局再次在集宁局开会推广集宁做法和经验。"全区邮电部门技术双革座谈会"会议纪要写道："今年集宁市邮电局试制成功了自动局对磁石局的半自动拨号，在集宁至商都电路上开通使用，使全区的半自动拨号技术有了新的发展，全区已开通半自动拨号电路 31 条，减轻了话务员的繁忙操作，加快了长话传递速度，为迅速改变全区长话接续落后状况创造了良好开端。"会议纪要强调坚持"'独立自主、自力更生、艰苦奋斗、勤俭建国'方针，要敢于闯造、不等靠要、敢字当头、大胆创新、自己动手、不当伸手派、少花钱、多办事、办大事，实现多快好省；学习和发扬延寿局'一不等，二不靠，三不伸手向上要，自己动手变面貌'的精神。"丰镇的印刷电路板外委加工需 3 万元至 5 万元，而自己动手，几百元就解决了问题。

之后，郝为民调到呼和浩特通信设备厂工作了，郭如德和陈绍文受自治区邮电管理局委派，到呼和浩特电信局指导开展半自动接续设备的制作和调测，在呼和浩特、包头等地推广这项技术，所属的旗县邮电局分期分批到呼和浩特市来接

109

受培训，郭如德和陈绍文详细向他们介绍怎样制作、安装和调测设备，技术很快推广开来，获得了很好的社会效益和经济效益。1978 年，郝为民他们的长途半自动接续设备项目获内蒙古自治区科技成果奖和全国科学大会奖，参与研制的人员每人得到了一个安排子女就业的机会，这在当时算是重奖。同年，郝为民被内蒙古自治区党委授予"先进科技工作者"称号。

半自动接续设备还在北京"全国邮电系统技术革新成果展览会"上展出，1980 年 1 月通过了邮电部组织的技术鉴定，邮电部向全国邮电部门推荐该设备。《电信技术》杂志上进行过专门介绍，还被编入全国《长途电话半自动接续设备文选》。到 1980 年 1 月 28 日，全自治区有 23 个旗、县、市（注：这里的市指县级市，与旗县是同一级别）对呼和浩特、包头、集宁三市开通了长话半自动电路。

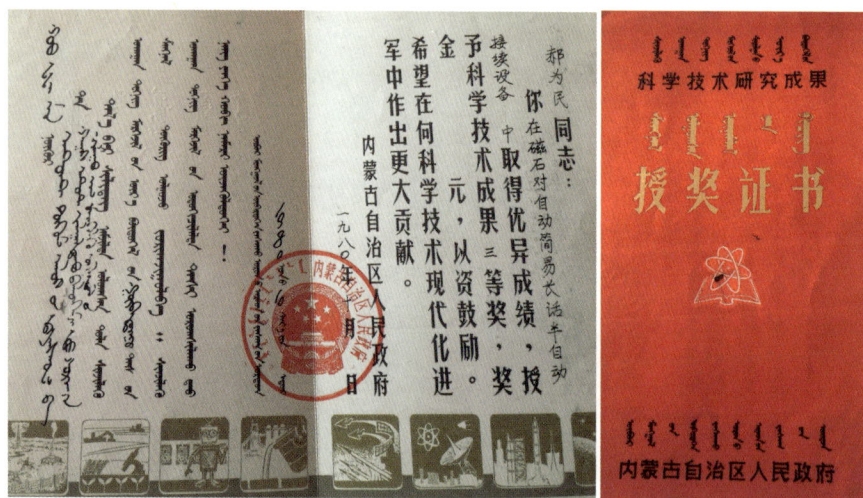

郝为民主持研制的长途半自动接续设备获得内蒙古自治区科学技术成果三等奖

忙碌的副厂长

1973 年 12 月 28 日，集宁市邮电局收到内蒙古自治区革命委员会邮电管理局《关于调郝为民同志的通知》：根据工作需要，征求集宁市委同意，调郝为民同志来管理局另行分配工作。请本人迅速办理调动手续，于近日来我局政治部报到。

郝为民被任命为内蒙古邮电通信设备厂副厂长、党委副书记。

内蒙古邮电通信设备厂始建于 1958 年，初期设电信设备、元器件、金工、表面处理、模具和油机等车间，生产载波机和维修油机，位于呼和浩特郊区。全厂有职工 340 人，1973 年，增设了木工、继电器车间，在原厂址基础上向东扩展新建厂房。工厂最初生产载波机、会议电话机、半电子交换机，后又生产纵横制交换机、传真机、铁皮柜等。1976 年，电池电缆厂（器材四厂）并入后，又增设电缆车间，生产塑料电缆、爆破线等，是自治区通信产品的定点厂家。

郝为民告别了乌兰察布，来到了阴山脚下的呼和浩特，马上投入紧张的工作中。郝为民负责生产和技术，当时工厂主要生产 3 路载波机和电缆。他开始忙碌，忙到什么程度？大女儿郝云鹏说："那时我 7 岁，几乎整天看不到父亲，早上我还没醒父亲就上班走了，晚上父亲回家我早已进入梦乡。母亲告诉我，父亲最爱学习，在通信设备厂上班很累，每天很晚才回家，他还坐在小桌子旁学‘英语 900 句’，帮助妈妈做家务的时候，就打开录音机听‘英语 900 句’，爸爸不是最聪明的人，但一定是最勤奋的人。那时父亲自己动手安装了一合黑白电视机，晚上很多小朋友搬着小板凳来我家看电视，有时候父亲回来得早，就会给小朋友出一道有趣味的算术题，妈妈经常对我们说，你们的努力若是有你爸爸三分之一，一定会很优秀的。爸爸晚年时曾跟我多次说起，他很遗憾没有很好地陪着我们读书、学习和成长，所以他对我和妹妹的孩子尤其关心，鼓励孩子学习英文、写作，全面提高能力。"

集宁市邮电局欢送郝为民、姚凤英夫妇调呼和浩特工作

几年以后，通信设备厂的产品无法满足邮电企业需要了，特别是黑龙江省延寿县孙纯玉土法上马、因陋就简，1974 年研制出了 100 门螺簧式准电子自动电话交换机，1975 年，邮电部部长、副部长来延寿视察，查看制造自动交换机的现场和土设备，通过准电子交换机拨打电话，赞不绝口。邮电部简报介绍了他们的做法。1975 年，延寿又设计制造了 600 门准电子交换机，安装在延寿县城，延寿城乡都实现了交换自动化。1977 年，邮电部召开的"全国邮电部门第二次学大庆会

议"，第一阶段会议在黑龙江召开，郝为民参加了黑龙江现场会，和与会的1600名代表一路走、一路看，参观了牡丹江的杨子荣纪念馆，这是他敬仰的人民英雄。来到大庆，郝为民生平第一次见到了大油田。会议第二阶段移师北京，大会提出了"学大庆、赶延寿、超牡丹江，努力实现全国邮电通信现代化"的目标。

邮电部提出了全国邮电今后三年奋斗目标："基本建成省会、工业城市之间的4张业务通信网——长途电话交换自动网、传真通信网、数据通信网和电报自动转报网，基本实现县以上城市电话自动化、县到公社电路载波化、县以上城市电报传真化。"这是中国改革开放前夜，奋发图变的邮电部门发出的奋斗呼声。

郝为民受到了很大的启发和鼓舞。孙纯玉是个技校生，他能做到的我们也能做到。郝为民向厂领导班子汇报，领导班子共同做出决定：贯彻邮电部会议精神，学习延寿经验，研制电子交换机，为自治区通信发展做贡献。工厂成立了攻关小组，郝为民带领业务骨干到上海一所考察，学习电子交换机的设计和制作。回来按照延寿局的基本思路，设计出了半电子交换机，当年就在邮电企业使用。那一年，郝为民因为鉴定交换机的事情到北京，杨晋儒见到他，说："老郝你就像个压不瘪的皮球啊，又鼓起来跳起来了。"

1977年12月30日，按照内蒙古自治区革命委员会邮电管理局的部署，通信设备厂将一部在自治区成立三十周年"社会主义革命和建设成就展览"展出的准电子交换机，安装在黄旗邮电局使用。1978年12月，设备厂按照邮电管理局要求，试装了978-2型纵横制交换机。管理局文件在给设备厂的批复中强调以下几点。

"一、组装纵横制交换机，对全区县城实现电话自动化具有重要意义。这项任务主要靠你厂承担并且明年又是你厂第一次承担这项任务，所以必须当作明年生产中的一项主要工作来抓，必须要加强领导力量。我们认为，应有一位厂领导亲自挂帅，采取会战方法，保证这项任务顺利完成。二、在保证质量的前提下，时间需要提前，数量要有所增加。一个 400 门应在 5 月前组装完毕。再组装两台 800 门，在年底组装测试完毕。三、外购零件，继电器要严格出厂验收，对不合格者及时与各厂联系退货，以保证交换机质量。其他器材也要按计划购买避免积压。所需电源设备及测试仪表等，均应首先利用厂内现有设备尽量少增或不增新的仪器仪表。

预拨材料费用 15 万元。工作进度安排、主要项目与用款要做出详细预算计划报管局。同时必须马上进行一些主要工作，如加工机架等现在就应动手做。"

以上任务，在郝为民和设备厂的努力下如期完成，这是自治区邮电发展历史上，第一次用上了自己制造的大容量自动电话交换机。

1979 年，通信设备厂积极开发新产品，试制成功了 PR101 型继电器和 HJ901、HJ901A、HJ905、HJ921 型纵横制交换机，扩大了 2 芯农话电缆和电话线生产。1981 年，工厂贯彻"调整、改革、整顿、提高"方针，主动承揽业务、找米下锅，取得了较好的经济效益。除原有的纵横制交换机、2 芯农话电缆、电话线外，又增加了单路载波机、信号干扰器、爆破线生产，超额实现利润 16 万元。1983 年，工厂研制成功了功能齐全、手感柔和、球型变化多、造型美观的乒乓球发球器，受到国家乒乓球队总教练梁戈亮的好评。爆破线也在一年里通过管理局组织的技术鉴定，取得了合格证书。姚凤英说，那时老郝早出晚归忙着拉电缆，电缆供不应求，只能昼夜拉，昼夜生产。

通信设备厂 1980 年总结中记载，"当年全厂亏损 20 万元。150 万元流动资金被库存全部占压，维持生产只能靠银行贷款，贷款已达 81 万元，年付利息 4 万元，相当于全厂两个月的工资总额。流动资金是企业的血液，利润是企业存在的理由，设备厂要生存发展下去，必须扭亏为盈，走上健康发展之路。郝为民和班子成员，团结全厂干部职工群策群力、降本增效，争取扭亏为盈。"

1981 年 7 月 20 日，厂党委书记兼厂长巴达夫在二届二次职代会上很自豪地说，全厂上半年完成销售收入 90 万元，相当于 1980 的三倍，全厂扭亏为盈，试制了新产品环路载波机、电力线报警器、爆破线等。除支付生产费用和管理费外，归还了 31 万元银行贷款，上缴管理局 20 万元历年欠缴利润，全厂扭亏 7.5 万元，效果显著。原因是实行了分线核算，把成本核算落实到班组，责任落实到个人，产品成本都有所降低，仅电缆工区就盈利 9.2 万元，按往年定额，聚乙烯节省了 1551 千克，铝线节约 139 千克，铁线节约 361 千克，折合 5143 元。金工工区原计划收支平衡，由于注重了车间管理，上半年盈余 1 万元。

而 1980 年的通信设备厂面临着被"关停并转"的危险，这一局面的改善正是由于厂领导班子实行了分线管理办法，充分调动了大家的积极性，下半年工作主要举措是完善分线管理，建立责任制，全面经济核算，改进奖励制度，实行激励制度，让那些懂管理、会管理、政治热情高、干劲大的同志，贡献自己的一切智慧。

郝为民在设备厂工作了 10 年，忙碌了 10 年，也积累了 10 年，到 1983 年他离开时，电信设备厂创造的利税达到 61.7 万元，这是一个空前的数字。

巨澜中勇进

1978 年是对中国意义深远、影响巨大的一年。新的思想、新的观点、新的词汇像火山喷发之前的岩浆，在涌动着、碰撞着，说不定哪一天就会汹涌喷出，澎湃于天下。党的十一届三中全会闭幕后，郝为民在《全会公报》中看到了解放思想、团结一致、以经济建设为中心的提法，他感觉到国家和周边都在悄悄地发生着变化。一天，在内蒙古工作的朋友跟他说："现在大家都在忙着考试，出国学习深造，你怎么不试试？"深居简出、苦干十年的副厂长郝为民立即就有了想法，再次想起 20 多年前军委工程学校刘老师跟他说的话，中国真的要学习外国了吗？我该做些什么？

那时收音机里的英语节目很少，也没有太多的语音资料，学英语的困难很多。郝为民只好等孩子们睡觉了，坐在板凳上复习英语，主要提高读写能力。1981 年春节前，自治区管理局来通知，邮电部要在春节后组织工程技术人员进行英语考试，全区报名参加考试的只有四五个人，有内蒙古邮电工程公司的技术人员，还有邮电学校的老师，考英语和电子电路，这些东西都是 20 世纪 60 年代学过的东西。当时郝为民正发着高烧，没时间复习英语，只能"拼老本"了。他把 1960 年在北邮学过的电子电路找出来，临阵"磨了一阵子枪"就参加考试了。后来邮电部教育司的人说，老郝的成绩离录取线只差5分。以后，郝为民以更大的精力投入了外语和专业课复习，他将所有的零碎时间全都利用起来，身上揣着一个小本子，一有空闲就掏出来学单词、背单词，后来有了录音机，他走到哪里带到哪里，有空就听"英语九百句"，提高自己的听力和口语。1982年，内蒙古自治区人民政府组织全区出国留学人员资格考试，郝为民毫不犹豫地报了名，参加考试的大多是大专院校的老师，科研机构研究人员，老郝和50多人考取了留学资格。这一年郝为民47岁，是唯一来自企业的考生，他当时是副处级干部，级别是最高的，年龄也比较大。自治区把他们集中在内蒙古师范学院培训英语，请来了外教帮他们突击提高英语水平，老郝担任了培训班的党支部书记。

1982年是郝为民非常繁忙的一年。1982年8月，郝为民接到自治区邮电管理局通知，要他以邮电部工程师的身份，随邮电部代表团前往乌兰巴托协商恢复中蒙两国通信问题，郝为民既是谈判者，也是蒙语翻译。他第一次走出国门，坐上中蒙国际专列去蒙古国，当时还没有开通中蒙航线。蒙古国驻中国大使沙格德尔苏龙先生也在专列上，靠近郝为民的包厢，他热情友好，介绍了很多蒙古国的情况。列车在二连口岸过境，前方两千米就是蒙古国小镇扎门乌德，在等待办理入境手续时，沙格德尔苏龙大使在贵宾室用马奶酒款待郝为民一行人。邮电部代表团团长是张广运（时任邮电部电信总局有线处处长），郝为民负责起草文稿和翻译。当时中蒙关系尚未完全恢复正常，他们一行人开始住在乌兰巴托饭店，后来住大使馆。经过十几天谈判，代表团完成了使命。中国与蒙古国达成了恢复通信的协议，双方电路本来都是相通的，只要将过境线的几千米线路连起来就可以了。内蒙古邮电管理局受邮电部委托，成立了中蒙邮电联合设计组，让郝为民当组长，中蒙双方技术人员共同勘察、设计了路线，设计包括在哪里竖杆子、竖多少、中国竖多少、蒙古国竖多少。1982年10月，郝为民代表中方在设计书上签字。1982年11月，中蒙通信恢复了。还是1982年，12月，经自治区邮电管理局推荐，郝为民参加了国家经委组织的厂长经理赴日本学习考察资格考试，郝为民获得了第二次出国机会，到日本进行了为期两个月的学习考察，这也是他第一次访问工业发达国家。承办考察活动的是日本海外技术者研修协会（AOTS），这是家由日本通商产业省支持，1959年8月成立的日本民间非营利团体，其旨在通过接收发展中国家技术人员赴日进修，来促进国际经济合作，加深各国与日本的相互理解和友好协作。日本之行令郝为民感慨万端，AOTS每周组织学习5天、参观1天，在日本的大公司里，郝为民领略到什么是现代化工业生产，什么是现代化管理。考察团共有6人，其中来自邮电部门的3人，一位是北京618厂总工邱振彪，一位是广东某邮电设备厂厂长刘双秀。他们主要学习工厂管理，训练中心在名古屋，聘请大学教授、大公司的高管来培训中心讲课，参观关东地区的企业，包括丰田、本田、松下公司，还有钢铁厂，流水线很先进。丰田汽车公司的实时生产制造（JIT）、看板管理，松下公司的现场管理（6S）、资源管理计划（ERP）、客户关系管理（CRM）及办公自动化（OA）系统，使郝为民眼界开阔、收获满满，郝为民见识了现代化企业，知道还有工厂管理这门学问。春节过后，郝为民拖着装满各式培训教材、学习资料的箱子回国。一股豪情在郝为民心中涌起，"我要在这波涛汹涌的时代，去实现心中的梦想！"

1983年在不知不觉中到来了，新年过去了，春节过去了，英语强化培训早已结束，可是出国学习仍然杳无消息，郝为民他们焦急万分。大伙一合计，由郝为民执笔给内蒙古自治区党委书记写了一封信，请求书记在百忙之中过问一下、敦促一下，让他们尽快成行。8月的一天，郝为民刚从蒙古国回来，就接到书记秘书打来的电话，在省委书记办公室的外间，秘书问了郝为民三个问题：一是这些人出去了能不能回来？二是能学到什么东西？三是能发挥什么作用？郝为民早有准备，胸有成竹地回答：第一，我们都是新中国培养、教育成长起来的，对党和国家忠诚，我不敢保证百分百都回国，但我敢保证90%以上的会回来。假如党对自己培养的干部连这点儿自信都没有，说明我们的教育失败了。第二，想让我们这些人出去学几年，得几个诺贝尔奖回来不大可能，但我们有实践经验，通过学习国外先进理论和先进技术，我们能够看到自身的差距，回国报效有的放矢，一定能为国家经济建设做出贡献。第三，我们出去广交朋友，广开门路，有利于今后国家和内蒙古的发展建设。

内蒙古出国留学人员预备班合影

郝为民的游说成功了，10天后，内蒙古自治区党委的批文就下来了，批准了出国学习计划，郝为民立即通过多方关系联系落实美国的大学和机构。他通过邮电部基建司夏银安认识了中国邮电工业总公司总工程师何耀坤，何总热情地帮助了他，推荐了几所美国常青藤大学。郝为民给斯坦福大学写信，要求先到 GTE 公司实习一年，然后去斯坦福大学研修。教授给他回函，同意了他的计划。何总还告诉他，做访问学者搞专题，最好选择当前国内的一些亟待解决的问题为好。事实证明，这些人当年的提醒，对郝为民以后的发展起了很大的作用。

终于，出国考察学习的计划和行程确定了下来，第一年到美国 GTE Network Systems 公司本部及分支机构参观考察，全面了解通信设备的研发、制造、调测、销售等环节运转情况；第二年到美国斯坦福大学做专题学习研究。

1983 年 6 月，美国来信了，郝为民几乎同时拿到了 GTE 公司和斯坦福大学的邀请函。1983 年 7 月，邮电部人事司来内蒙古自治区邮电管理局考察干部。20世纪 80 年代初期，邮电部正在紧锣密鼓地落实中央干部革命化、年轻化、知识化、专业化部署，选拔优秀分子进入各级领导班子。人事司刘阳生同志找到郝为民，给了他两个选择：放弃出国，经组织考察群众评议，进入内蒙古自治区邮电管理局领导班子；如果出国学习，晋升就得学成回国再说。郝为民就跟姚凤英商量这件事，姚凤英心里很明白老郝是想出国学习的，但不愿意自己说出口。姚凤英就说："你怎么想的就怎么做，不要管我和三个女儿，家里的困难我都能克服。"那一年，他们的大女儿 16岁，已上了高中，二女儿 13 岁，正在上中学，

中年姚凤英

最小的女儿 10 岁，上小学。老郝清楚，他出国一去就是几年，凤英要担起抚养、教育孩子的全部责任，凤英这人吃再大的苦，受再大的委屈，从来不叫苦不报屈，默默地承受，想到这郝为民心里很不忍心。郝为民向刘阳生委婉表达意愿，感谢组织对我的信任，等我学成回国再说吧。

1983 年 8 月 3 日，48 岁的郝为民办完了所有的出国手续，在妻子和大女儿的陪伴下前往北京，北邮同学赵少杰为郝为民一家安排了宾馆，送郝为民。第二天，郝为民要乘坐国航 981 航班前往旧金山，再飞往 GTE 公司在芝加哥的总部，开启一段辛苦备尝而又心甘情愿的求索之旅。离开呼和浩特之前，郝为民来通信设备厂，与厂长、副书记、副厂长等一行人话别，在厂房前合影留念，与朝夕相处了 10 年的设备厂职工道别。

郝为民又想起了他 1959 年国庆十周年狂欢之夜立下的宏愿，20 多年来，他

始终不懈地奋斗着。20 世纪 80 年代，郝为民变得更加自信，他知道，不要在已成的事业中逗留！只要你奋斗，这个时代就会赋予你更多，只要你内心足够强大，你就能攀登更高的山峰。郝为民用全部的热情和才智与命运进行着不屈的斗争，升华了自己，绽放起了挫折之花！就像铅笔经历了刀削的疼痛，才写出了美丽的文字；就像蛹经历了破茧的疼痛，才化为漂亮的蝴蝶，凌飞于天空！让挫折开花，让人生抵达成功彼岸！

在与姚凤英和女儿告别的一刹那，郝为民的鼻子一酸，眼泪滚落了下来，凤英自从嫁过来这么多年，没过上一天好日子，由一个富家的娇娇女，硬是摔打成了一个当家过日子的顶梁柱。他感谢凤英，可语言苍白，他

出国研修前的郝为民与妻子姚凤英

牵挂凤英，却又无可奈何。老郝想，凤英多么像一棵橡树。"我如果爱你，绝不像攀援的凌霄花，借你的高枝炫耀自己；我如果爱你，绝不学痴情的鸟儿，为绿荫重复单调的歌曲；也不止像泉源，常年送来清凉的慰藉；也不止像险峰，增加你的高度，衬托你的威仪；甚至日光，甚至春雨，不，这些都还不够！我必须是你近旁的一株木棉，作为树的形象和你站在一起。"

一架波音 747 飞机轰鸣着、昂起头、箭一般地冲向蓝天。

第七章

跨洋求索

郝为民出国研修之前，有位爱国美籍华人来内蒙古讲学，谈到在美国生活与在中国生活有一个显著的不同，美国人喜欢有一百说一百五；而中国人有一百说五十。到美国一定要遵纪守法，没理的事情千万不能干，有理的事情千万不要放。全世界对真善美有一个基本的标准，并不以种族和意识形态来决定。郝为民知道了，发展民间友谊，对个人有利，对国家更有利。

　　年近半百的郝为民，站在了新时代对外开放的窗口，畅享着世界文明之风，沐浴着全球科技之光。他将在太平洋彼岸积蓄力量，厚储内能，再像鹰隼一样搏击长空。

GTE 的中国访客

1983 年 8 月 3 日，郝为民坐在中国国际航空公司航班上，不停地观望着舷窗外的山川河流、森林草原，遗憾当时没有一架照相机记录下这一时刻。飞机进入了浩瀚的太平洋上空，为了尽快适应时差，郝为民坚持不睡觉，当地时间 13∶36，飞机降落在美国旧金山机场。旧金山机场的行李传送带出了故障，耽误了很长时间，当飞机降落在纽瓦克机场时，纽约已是深夜。

郝为民到了康涅狄格州的一个小镇，在纽约北部，他住的旅馆周围的景色非常美，远处起伏的丘陵完全被森林和草坪覆盖着，森林是墨绿色，草是浅绿色，层次非常鲜明；一幢幢美国风格的建筑，黄色的、橘色的屋顶，错落有致地坐落在大自然的彩色边际线上，完全是一幅浓浓的秋韵图。而且这里空气甘洌，天蓝的云白得有些假。但郝为民无心欣赏这些，来美数日，疲惫、困顿依然折磨着他。

GTE Network Systems 公司，是美国生产大型通信设备的公司，主要包括模拟微波设备、数字微波设备以及数据通信设备，在美国多地以及欧洲设有研发中心和制造基地。郝为民来到美国 GTE 公司总部所在地纽约，中午公司网络系统部经理罗伯特·法威尔、翻译朱迪丽女士为他"接风"，到了一家饭馆，他的身

125

体还没有完全恢复，硬撑着来午餐。吃饭期间，有个问题，郝为民迫不及待地提了出来："我不能住在你们安排的旅馆里，华美达酒店每天 62 美元，而国家每

月给我的生活费是 400 美元，请尽快帮我换一家便宜的旅馆或租个便宜一点儿的住处。另外，我在美国访问学习计划是两年，一年在 GTE 公司，一年在斯坦福大学。按照规定，美国－意大利的往返路费国家不能支付（GTE 公司在意大利设有研发基地），请 GTE 公

1983 年，郝为民在美国 GTE 学习考察，参观 GTE 北湖工厂，公司营销工程师吉姆·安德森为他介绍产品

司考虑，如能帮我支付费用我就去意大利，不能支付就改变计划不去了。"

法威尔当天下午向他的上司汇报，公司同意支付郝为民去意大利的费用。关于住宿问题，由于他在 GTE 公司总部工作 2 个月，其余时间在 GTE 各地机构参观学习，一时无法找到便宜旅馆，公司给予郝为民一定的住房补助，支付他在美国的交通费用。郝为民担心的问题在美国人的帮助下，悉数解决了，他心里的一块石头总算落了地。

1983 年 8 月 5 日，郝为民一早就来到 GTE 公司，Bill James 介绍公司为他制订的学习考察计划：半年在 GTE 公司总部了解北美通信情况，再用 3 个月时间到公司各制造工厂参观，最后 3 个月到意大利参观公司的数字微波研究中心（GTE 的全资机构）；还介绍了负责指导人 Welch 先生，并给郝为民安排了一间办公室。GTE 公司很重视这位中国学者的到访，考察计划安排得很周到、很细致，而且在 *GTE Network Systems News* 上发布了两则消息，还配上一幅图片。

消息一：内蒙古邮电通信设备厂副厂长郝为民参观伊利诺伊公司的设施，他将在美国进行为期两年的学习和访问，他将在斯坦福大学研修之前，花一年时间在 GTE 公司的斯坦福德、阿尔伯克基和意大利米兰的机构参观考察一年，布卢明顿陪同郝为民先生参观公司服务中心，介绍开关设备的安装及售后服务等。

消息二：GTE 网络系统部门接待中国访客郝为民，他是内蒙古自治区邮电通信设备厂总工程师、副厂长，他在吉姆安德森陪同下参观北湖工厂前厅的展览品，下个月郝先生将前往阿尔布开克网络系统公司考察，在那里接受传输系统方面的培训。

1983 年 8 月 12 日，郝为民由康涅狄格州斯坦福德出发前往华盛顿，参观 GTE 公司设在那里的研究中心和一个很大的营业中心。在华盛顿 GTE Telenet 参观上课两周时间，他接受了现代电信网络技术及规划的初步培训，但时间太短、内容太多，郝为民根本来不及深刻理解、全面吸收。老师的语速很快，新名词太多了，不容易跟得上，他感到英语听力的不足，郝为民遇到了学习上的挑战。

华盛顿特区是坐落于森林里的城市，城市周围完全被参天大树环绕着，城区里的建筑物也掩映在大树之间，完全没有大城市的喧嚣。郝为民结束

郝为民在美国 GTE 公司的设备制造工厂

了紧张的培训，参观了肯尼迪艺术中心、白宫、华盛顿纪念碑、杰弗逊纪念堂、林肯纪念堂、美国植物园、国会大厦、最高检察院、黑人解放纪念馆。大片的草坪、盛开的鲜花、碧绿的水池、炫目的喷泉、雄伟的建筑、精美的雕塑、飞翔的

海鸥和鸽子，在蔚蓝天空映衬下，华盛顿被装点成一个绚丽多彩的大花园。

在美国朋友的安排下，郝为民打了一个越洋电话给姚凤英，那时打国际电话绝对是奢侈性消费，通话费每分钟几十元，一般人根本打不起。电话质量很不好，时断时续的，凤英在那边扯起嗓子喊，郝为民这边也听不太清楚。说起电话，郝为民出国前，好友建议他申请安装一部住宅电话，在美国往家里打电话不是更方便一些，郝为民考虑再三也没有张嘴。所以越洋电话先打到凤英的单位，凤英如果不在班上就由同事通知凤英几点几分到单位等他的电话，这给凤英同事增添了很大麻烦，凤英为这事总埋怨郝为民。

他 9 月 12 日回到纽约，13 日参观 Northlake Automatic Electronic，6500 人在这里工作，这是 GTE 公司主要的生产和试验基地，主要生产 GTD-5EAX（一种大容量模拟微波设备）。9 月 16 日他接到家信，有凤英写的，还有小女儿丽丽写的，是一首诗。

为学之难何其多，

思亲想友又如何。

大洋彼岸遥相望，

学海无涯苦作舟。

父学我亦学，

父笑我亦笑。

父亲学成归，

全家乐陶陶。

此刻，万里之外的姚凤英的生活实在艰辛。她当时在呼和浩特电信局当电路工程师，身兼调度和管理重任，每天早来晚走。当时孩子们正处于长身体时期，每天都要喝牛奶。为了打牛奶，姚凤英每天4点起床去排队，夏天还好，冬天很难受，又困又冷的，外面漆黑一团，去晚了牛奶就打不成了。那时，姚凤英根本没时间接送孩子们，都是孩子们自己上学、自己回家。丽丽四岁时就能自己洗袜子、洗手帕，老大和老二轮流着帮妈妈洗碗，收拾屋子，所以孩子们从小就自立。他们住的是简易楼房，没有暖气，烧煤

郝为民在 GTE 公司芝加哥制造工厂参观

取暖，要把取暖用煤像蚂蚁搬家那样弄到楼上。最难的是"打烟囱"，这活儿又脏又累，需要先把烟囱卸下来搬到楼上，再用特制的刷子将挂在烟囱壁上的烟灰刮下来，弄得满身满脸都是烟灰。姚凤英实在没法子自己干，就找侄子来帮忙。姚凤英还要参加北京邮电学院的函授面授，要复习参加期末考试，她咬紧牙关坚持着，因为她对未来充满着希望。

在华盛顿，郝为民接触到了数据通信，第一次看到了分组交换技术（X.25）设备，当时该设备已在美国获得广泛应用。他后来到了芝加哥参观了一个 C2 局（相当于中国的省级交换中心），还到了一个农村远端支局，对那里的传输进行详细的了解。他要了许多资料，其中一份是《AT&T 公司的网络注释》文献，几乎是电信网建设的百科大全，包括网络建设规范，AT&T 网络结构，信令方式及系统、接口、远端，凡是与网络有关的东西都写在上面了。郝为民通过这份资料，对美国自动电话网的建设指标、各个系统及接口方式有了全面的了解。而当

时中国的全国自动网尚未形成，还没有涉及这些问题。郝为民回国后，把这份资料交给了邮电部副部长朱高峰，朱副部长责成部传输所将其翻译成中文，共 300 多页。朱高峰让郝为民和部科技司钱总两人牵头，组织人根据文献设置涉及全国自动电话网发展建设的课题，最后，共形成 13 项课题，这相当于把美国的电话网技术体制中国化，对中国电信网发展产生了很大的推动作用。

美国朋友问郝为民："你的夫人为什么不来美国陪你？"郝为民说："钱不够用，每月国内寄来 400 美元，勉强能维持我一个人的开销。"美国人说："按我们的生活标准，这些钱只够一个星期。"之后，GTE 公司帮助他解决了住宿费问题，这可帮了郝为民的大忙。美国朋友隔三岔五地请郝为民吃饭，或是在餐馆，或是家里，郝为民也回请他们，还送他们一些中国的工艺品，渐渐地增进了了解和友谊。美国男人业余时间一是谈股票，二是谈国际形势，有时还会争吵。女人主要谈丈夫、谈时装。公司准许郝为民给家里打国际电话，半个月、20 天打一次。美国在匹茨堡和旧金山设有长途人工接续点，那时中美之间只有几十条电路，而且是模拟电路，杂音很大，卫星电路时延（回音）很大，有时要等待一夜才能接通电话，有时一个晚上也接不通一个电话。15 分钟接不通就被注销了，还要重新登记。

郝为民遇到的另一个大问题是一日三餐，美国的小超市，卖的东西很贵，他只好买最便宜的东西吃，食品上的英文字有些不认识，狗食、猫食都放在超市里卖，有些东西他买来了不知道怎么吃，又不好意思问美国人，文化差异太大了。后来他渐渐走得远了，就在韩国店买食品。

1984 年 4 月，郝为民来到 GTE 公司在新墨西哥州的洛斯阿拉莫斯（Los Alamos）的机构参观，这里处于沙漠地带，纬度与中国兰州几乎一致，但由于洛斯阿拉莫斯处于杰姆斯山森林的包围之中，年降水量并不少，空气清新，冬暖夏凉，而且日照充足，被一些旅游者认为是理想的观光之地。

郝为民买了一辆自行车，大大方便了出行。他最大的收获是参观了光通信实验，亲眼看到了多模光纤，第一次看见了光通信的中继设备、终端设备。工厂给他分配了一间办公室，中午在食堂吃饭，晚餐主要是方便面或是鸡肉，因为这两样食品美国最便宜。之后的日子，郝为民始终不喜欢吃这两样东西。郝为民对所有能够看到的技术资料都不放过，凡认为国内可用的，他都收集起来，以致后来回国时他的行李超重，不得不海运行李。

置身美国的郝为民，几乎得不到祖国的任何消息，后来美国朋友借给他

与美国朋友们在一起

一部能收听短波节目的收音机，祖国的广播信号传到美国衰减得很厉害，特别难收到，但能够勉强听到一点儿消息。

时间飞逝，郝为民结束了 9 个月的 GTE 公司美国部分的学习考察活动，即将开启欧洲的行程。

意大利之行

郝为民从北美大陆来到了亚平宁半岛，时间是 1984 年 5 月。

GTE 公司的数字微波研发中心和制造工厂设在米兰。米兰在意大利北部，北靠阿尔卑斯山、南邻波河，是一座浪漫的大都会。郝为民知道米兰有一座教堂和一个人举世闻名，一个是米兰大教堂，完全用大理石雕刻而成，从 14 世纪建到 19 世纪，是世界上最大的哥特式建筑。另一个是达·芬奇，他毕业于米兰的意大利理工学院，在绘画、音乐、建筑、数学、解剖学、生理学、天文学、气象学、地质学、物理学、土木工程等领域成就显著。

郝为民在米兰参观 GET 公司的数字微波工厂和相关产品，这对他而言都是新东西。那段时间，郝为民对世界数据通信发展趋势、关键技术开发进展、实用产品有了全面了解，这对于他回国主持中国公用数据通信网规划帮助很大。意大利的朋友问郝为民，美国和欧洲有什么区别，他回答：美国是一个大农庄、大牧场，而欧洲像个小花园，城市很美丽、很精致。

有个国际组织在佛罗伦萨召开一个有关通信方面的国际会议，郝为民知道了，立即联系会议主办者，赶到会场旁听，巧遇邮电部参加会议的团组，有邮电部电总的、科学研究院的、十所的、还有一个北邮同班同学。从会场出来，他走马观花地参观了这座意大利文艺复兴发源城市，来到了但丁故居，瞻仰这位创作了《神曲》的伟大诗人。来到了阿诺河畔的佛罗伦萨美术学院，看到了米开朗琪罗（"大卫"）的真身。赶到了圣母百花大教堂，完全被这座佛罗伦萨的地标建筑所震撼了。郝为民已经见过许多雄伟壮观的教堂，但很少有教堂能如此妩媚，它使用白、红、绿三色花岗岩贴面，将文艺复兴时期所推崇的古典、优雅、自由诠释得淋漓尽致，大诗人徐志摩把它译作"翡冷翠"，更富诗意和色彩。郝为民还凭借刚刚学会的一点儿意大利语，去了趟威尼斯，坐在贡多拉上欣赏水城曼妙的风光。

郝为民即将结束意大利的行程，他收获了与意大利朋友的友谊，GTE公司的托姆和贝克成为郝为民的好朋友。20世纪90年代，郝为民在电信总局工作时，两个人还去拜访过他。通过他们，郝为民深入了解了意大利的风土人情，他们的家庭都是几代同堂，长幼有序，遵循孝道，郝为民每次到他们家中做客，都是将长辈请到上座，这与中国人的传统习俗极为相似。

1984年，郝为民在GTE公司意大利研发中心考察时在朋友家聚会

博观厚积

1984 年，在体制改革洪流中，美国电信业超级"巨无霸"AT&T 被解体为七个部分。改组后的 AT&T 只经营长途通信和国际通信，保留了设备制造和贝尔实验室，这在美国和国际上轰动很大。美国人一直将 AT&T 称为"妈妈贝尔"，低廉的电话收费，是福利的象征。后来，美国邮费涨了很多倍，电话费却没有上涨。改革后电话费提高了，用户想不通。通过解体，AT&T 逃避了反垄断惩罚，规避了原来电信运营不能从事设备制造的限制，开始研发制造程控交换机，GTE5 号机开始大量进入国际市场。改革前的 AT&T 效率低下、人员老化，改革后重新"洗牌"，一切从头进行，公司给新人更多机会，完全不是原来的 AT&T 了。1984 年，郝为民写了一篇关于 AT&T 解体前后对比分析的文章，寄给了邮电工业总公司的赵绍坚同志，后来他将这篇文章转给了《经济日报》的记者，结果全文发表在《经济日报》，占一个整版（以本报特约通讯员的名义发表）。

1984 年 8 月，郝为民来到了斯坦福大学，开始了第二阶段的访问研修。

斯坦福大学位于旧金山湾区南部帕罗奥多市境内，靠近世界著名高科技园区——硅谷，是世界著名的私立研究型大学，学校的电机系卫星通信规划中心主任布鲁斯先生，亲自驾车去圣何塞机场迎接郝为民，郝为民觉得车驶入了一个大花园，巨大的草坪，高耸的棕榈树，盛开的鲜花，黄墙红瓦的房子……心想布鲁斯是带我游览旧金山名胜吧。车戛然停在了一幢西班牙风格的建筑物前。"我们到了。""这就是斯坦福大学？""是的，这就是电机系的卫星通信规划中心。"郝为民怎么也想不明白，大学为什么没有围墙？大学为什么没有大楼？大学造的房子怎么像修道院。去过斯坦福的人都知道，斯坦福的著名建筑都是西班牙17世纪传道堂的建筑风格。

美国斯坦福大学

郝为民进入了新的环境，在GTE一年来他几乎没有机会说中文，而这里中国人很多。在斯坦福最初的半年时间，郝为民主要熟悉环境，听电机系的课程，包括排队论、数据通信、卫星通信的内容，也到管理学院听课，学习现代企业管理理论、方法和管理案例，也参加他们的讨论。管理学院的学员五花八门，经理人、学生、学者、投资人都有，发言各抒己见，有的观点很新奇，郝为民从未听说过。总之，凡是想知道的东西，他都想学习。没有课他就在图书馆看书、查资料，酝酿研修选题。

客观而言，20年前的北邮毕业生在20年后进入世界顶级的大学，郝为民面临着知识老化、新的基础理论匮乏、计算机工具运用能力受限等严峻挑战。在这里，电子计算机是普通工具，而国内却寥寥无几，郝为民从未使用过。郝为民想做卫星通信方面的研究，经过研究后，他觉得自己的技术储备不够，深入研究有困难，考虑到自己的年龄，将来回国从事研究开发的可能性不大，最有可能的是从事技术管理。他就想到了数据通信，中国在这一领域基本是空白，他在 GTE 公司对数据通信、分组交换的概念和网络设备已有了初步的了解，预感到数据通信具有极为广阔的发展空间，中国的数据通信市场潜力非常巨大。

郝为民最终决定进行中国数据通信网络规划方面的研究，提出用电子计算机辅助完成网络规划设计的方法、步骤，请导师把关。布鲁斯认为这个题目很有意义，支持他做这个项目。完成这个课题，郝为民需要补充许多理论方法，掌握新工具的使用，需要急起直追，把浪费的 20 年时光夺回来！

目标确定，郝为民紧张的研修生活开始了。他的党组织关系最初在华盛顿中国大使馆，后来转到了旧金山中国领事馆。领事馆成立了旧金山中国访问学者留学生联谊会，郝为民担任负责人，他要时常去领事馆请示汇报工作，组织开展活动，帮助赴美人员解决困难。网络规划需要一门知识准备——"排队论"（Queuing Theory），是专门研究流量控制、优化流量的学问，是一本很厚的书。郝为民对这门学问很生疏，必须从头学起。

排队论起源于 20 世纪初，当时丹麦数学家、电气工程师 Erlang 用概率论方法研究电话系统通话问题，开创了这门学科。20 世纪 30 年代中期，当 Feller 引进了生灭过程后，排队论才被数学界承认为一门学科。20 世纪 50 年代初，Kendall 对排队论进行了系统的研究，他用嵌入 Markov 链方法研究排队论，使排队论得到了进一步的发展。排队论也称随机服务系统理论，是通过对服务对象到来及服务时间的统计研究，得出这些数量指标（等待时间、排队长度、忙期长短等）的统计规律，然后根据这些规律来改进服务系统的结构或重新组织被服务对象，使服务系统既能满足服务对象的需要，又能实现机构的费用最经济或指标最优。排队论研究的内容有三个方面：统计推断，根据资料建立模型；系统的性态，即和排队有关的数量指标的概率规律性；系统的优化。其目的是正确设计和有效运行各个服务系统，使之发挥最佳效益。

郝为民用了三个多月时间，"啃"下了这部艰深的著作，并且消化、理解，将内容变成了属于自己的东西，写下了学习体会，并将要研究的问题放在排队论的框架内进行分析研究，形成了初步的建模思路。接下来，郝为民要攀上一座更高的山峰——学会一种计算机编程语言，将研修课题和计算机嫁接起来。

郝为民还是从头学起，但走了弯路。他首先选用

1986 年 7 月，在美国研修时与中国留学生聚餐

"BASIC"语言，这是一种计算机高级语言，简单易学，郝为民很快就上手了，但他不久后发现，这种语言用来描述还行，但算出来的结果不符合实际，只好放弃再重新选择和学习其他语言（他选择了 Pascal 语言），白白耗费了一个月的宝贵时间。1985 年，郝为民正式确立了研修课题《中国数据通信网络规划系统的研究》。他在征求导师意见后，确立了以下一些原则：这个系统不是全自动，而是带有人工干预的半自动系统，不满意可以修改，虽然不是最优，但是实用。根据他的理解，最优和实用是一对矛盾体，实际工作中不应是二取其一，而是取两者的平衡。衡量数据通信系统的指标很多，最主要的是数据延时和传送成本，两者都最低就是最好方案。按照这个思路进行规划，有些地方的数据流量很大，如上

海到南京，传送带宽需大一些；而西安到兰州数据流量相对较少，带宽可以小一些。这些说起来容易，但要出结果却不是很容易，计算机计算出来，打印出来，特别是打印在地图上更难，最终出了结果。给系统输入数据，系统就能够给出数据网建设的规模、大概的投资分布等；还可以对局部规划进行人为干预，使其更符合实际情况。

　　郝为民绘制出系统的结构框架、数据运行流程、运算模型、再用 Pascal 的一行行程序，将系统的功能详细地描述出来。系统装载了中国省会及较大的 50 个城市，彼此建立了联系，加载上程序和数据就要运转了，郝为民心里有些紧张，苦战半年多，不知道能不能走下去。在这半年时间里，郝为民将自己的生活简化到了极致，每天睡眠只有四五个小时，食谱更加简单，都是超市里

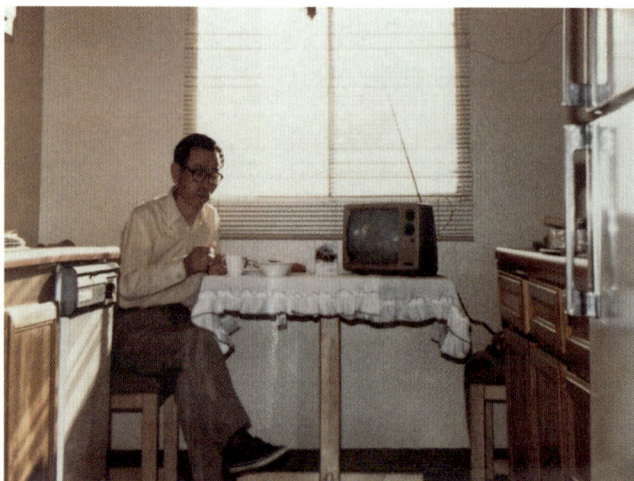

郝为民留美研修期间过着非常简朴的生活

最便宜的食品，因为他既没有钱买更好的食品，更没有时间烹饪美食。他的许多同学利用课余时间外出打工赚钱，贴补自己的生活，或是归国时买一些电器带回去。可是郝为民完全投入研修课题之中，仅靠国内的资助，生活很拮据。

　　我整理郝为民在斯坦福研修资料时发现了一张照片，照片上的郝为民非常消瘦，估计是长时间营养不良造成的。这个发现颠覆了我以往对留学生活的认识：留学很光鲜、很舒适、很惬意。

　　下一步郝为民要将系统运算的结果打印成一份实用性文件，即在地图上能一一标示出来，他先把北京、上海、广州等城市的经度、纬度输入系统里，准

确地与地图吻合，这一步很不容易，他需要一点一点地调整，反复尝试；然后再将全国所有规划城市的数据全部输入系统，在斯坦福大学网站下载中国的电子地图，最后打印成完整的中国数据通信网规划示意图，上面清楚地标示出各个城市的数据流量、数据网络设备容量、数据传输时延、数据网建设资金数额等主要数据。这个系统规划软件具有系统运行的特点，某一个数据节点数据发生变化，系统会自动调整其他节点的数据，以达到通信时延和成本最优。

走上斯坦福讲坛

　　郝为民站在斯坦福大学电机系的惠普计算机机房里，看着计算机打印出的网络规划图。他长长地出了一口气。布鲁斯看了他的课题报告，很满意，说这是一份很有价值的研究成果，对中国很有用，对其他国家也很有借鉴价值。报告作为中心的资料储存起来，排序是 50 多号。郝为民如释重负，完成了一项重大任务。这时，已是 1986 年的春天。

　　郝为民回国时，计算机中心应他的请求，将系统软件存在磁带机里，郝为民把它完整地带回了祖国。

1986 年 3 月 25 日，郝为民在美国斯坦福大学访问学习期间，
给该校电机系研究生作 EE250 课程讲座

　　访问学者都是国家派遣的，郝为民在斯坦福的研修延长了一年，这一阶段导师布鲁斯帮助他筹到了延期的费用，还给内蒙古自治区科委写信，一是表扬郝为民在斯坦福期间的学习情况，二是希望郝为民继续在斯坦福工作一段时间，

并且表示郝为民回国后，斯坦福随时都欢迎他回来。美国人一般不写这种信，但布鲁斯欣赏郝为民勤奋、独立、高效的工作作风。布鲁斯交给他一些辅助性研究工作，并支付一些酬劳，填补郝为民生活的短缺。布鲁斯还不止一次地跟他谈起能否考虑留在美国工作，表示愿意帮助他安排工作。

1986 年 5 月，布鲁斯给郝为民安排了一个"EE250"课程讲座，电机系的课程的编号方式是，1 字头的是本科课程，2 字头的是研究生课程。郝为民以课题研究为主要内容。在椭圆形教室里，他给斯坦福大学电机系的研究生讲课，课讲了整整一个下午，中间还安排了学生提问，听课的学生来自世界各地。规划中心秘书海伦女士说，电机系访问学者作讲座的为数不多。

2004 年，郝为民在斯坦福大学讲学时与中心主任布鲁斯夫妇合影

18 年以后，2004 年，布鲁斯先生向郝为民发出邀请，邀请他再次来斯坦福大学讲学，这次郝为民满怀豪情、成竹在胸，在斯坦福大学电机系的讲坛上进行了三次讲座，讲中国电信业 20 年来发展的巨大成就，讲中国电信业的未来发展趋势，讲国际电信未来发展的展望。祖国的发展成就为郝为民增添了底气，中国电信发展案例使他高屋建瓴。教室里坐着 60 多个来自世界各地的研究生，中国专家的讲座赢得了他们的掌声。

心系祖国

郝为民在斯坦福学习期间，担任了旧金山中国访问学者留学生联谊会负责人，帮助新来的人适应环境、解决困难、组织活动，例如，节假日播放国内的纪录片和故事片，春节还举行联欢活动，他还参与了一些重要的接待任务。

这个阶段郝为民的接触面很广泛，当时教育部代表团来斯坦福大学开座谈会，了解留美学生情况，郝为民精心组织座谈会，达到了预期目的。当年教育部召开外事工作会，还表扬了郝为民，旧金山领事馆教育参赞也写信表扬郝为民。1985年，相关部委文件，针对留学生和访问学者到期不归问题，规定要予以处罚，对此公派学生反映强烈。郝为民在领事馆举行的座谈会上提出了意见，要谨慎地对待这个问题，应规制在先。每个出国人员的背景都不一样，情况复杂，大多数人是为了学术

旧金山中国访问学者留学生联谊会负责人
郝为民

研究想多待几年，多挣一点儿钱，不要担心，总有一天会回去的。国内要稳定、要发展，国内的事情做好了，留学生会回去的，措施过于激烈不利于问题的解决。后来，教育部在国内召开的专门会议上，吸纳了郝为民的意见。

从物质到精神，从学术到工具，从科技到人文，郝为民获得了巨大的收获，这为他自强不息的人生旅途厚积了更大的内能。如果郝为民原来的人生平台只有5 米高，那么留美三年，他的人生平台增高到 10 米，甚至更高。他的视野更加开阔，他的思想更加深邃，他就像一粒播下的种子，远方已春雷滚滚，甘霖即降，种子何愁生根发芽、苗壮成长？

郝为民的归期到了，1986 年 9 月，阔别三年的夫人姚凤英来美国和他团聚，此时，他们的大女儿已考上大学，二女儿上了高中，郝为民带着辛苦耕耘、收获果实的喜悦，带着妻子游历美国各地名胜。他婉言谢绝了恩师的邀请和朋友们的挽留，打点起行装，拖着装满资料的行李，登上了回国的航班。

第八章

蔚蓝的事业

1989 年，54 岁的郝为民再一次接受了时代的呼唤。

这是中国电信发展史上极为特殊的时期，改革开放和现代化建设衍生出了巨大的市场需求，百年电信科技到了革命性、颠覆性发展阶段。一场中国电信业、世界电信业史无前例、永载史册的电信大发展阶段已经到来。而此刻的郝为民，好像站在风暴眼里，这里很安静，但周边的巨澜已掀起，电信大发展风暴来临了。

北京赴任

1986 年 9 月，郝为民从美国访问研修归来，借调在邮电部工业局工作。在这里他推进了两个项目：第一是数据通信，那时国内没有相关网络、业务，甚至相关概念也没有多少人知晓；第二是卫星通信，郝为民很想推动这件事，用卫星电路将银行连起来，实现数据通信，加速周转，减少在途时间。工业总公司麾下的西安 503 厂做微波设备，南京 518 厂研制数据设备，郝为民提出了一个很有雄心的计划，工业总公司领导支持他，于是他就办学习班，讲数据通信和微波通信理论。清华大学计算机系石美林教授邀请郝为民给他们的研究生讲课，有个学生叫吴建平，郝为民带着他到南京 518 厂讲分组交换原理。吴建平后来在学术上很有建树，成为中国工程院院士、著名的计算机网络专家，他带着清华大学的研发团队，做出了路由器。正当工作顺利开展的时候，郝为民的新任命到了。

1987 年 9 月，邮电部任命郝为民为内蒙古自治区邮电管理局党组成员、总工程师。本来还有副局长任命，但由于岗位职数突然出现问题而落空，郝为民理解组织部门的难处，爽快答应了要求，愉快地回内蒙古赴任了。

郝为民在自己的职责范围内，参照美国 GTE 公司做法，做起了管理局办公自动化系统，是比较简陋的那种，他还带头建起了局域网，仅花了 20 多万元。他还带领管局科技处的几个年轻人，做了全区报刊和邮政储蓄业务计算机管理系统，邮电部和邮政总局表扬内蒙古走在了全国前列。郝为民针对内蒙古东西距离长的特点，提出一个颇有战略意义的想法："两点（呼和浩特和包头）优先解决，一线（内蒙古东部赤峰到海拉尔）努力打通，一面（广大农村和牧区）用卫星全面覆盖。"这一想法受到了管理局主要领导的赞赏，被纳入管理局的工作部署和全区"七五"时期滚动计划。郝为民分管内蒙古自治区邮电工业，包括一家通信设备厂、一家邮电印刷厂，他在权限范围内积极支持企业技术改造，帮助通信设

备厂开发新产品，帮助印刷厂引进国外先进设备，工厂的生产经营状况有了很大改善。

郝为民回到内蒙古工作时期，管理局正在大规模地购买日本二手纵横制交换设备，推动全区盟市、旗县的电

郝为民在内蒙古期间，接待地方党政部门领导视察

话自动化。这种交换机非常便宜，大大缓解了自治区通信紧张的局面。郝为民忙着进行技术改造方案设计指导、审查、设备验收。1988 年 11 月，郝为民从呼和浩特出发，一路向东检查电话交换网技改工作，到了集宁、锡林浩特、锡林郭勒以及很多旗县，最后到了乌兰浩特。郝为民看到这里的通信面貌发生了很大的变化，看到干部职工意气风发、干劲十足的样子，很受鼓舞，按照这样的速度干下去，他的战略构想很快就能实现。检查还没有结束，内蒙古自治区邮电管理局给郝为民打来电话，邮电部要他到北京报到，有新的任用，要他立即回呼和浩特交

接工作，然后去北京。

1988 年年底，郝为民回到了阔别了 25 年的北京，回到了他最初生发理想的地方。他百感交集、内心激荡，已过知天命之年的郝为民，1989 年新年过后，走上了邮电部电信总局的新岗位。

在大发展的洪流中

20世纪80年代，全国各地引进程控电话交换机，出现了"七国八制"现象，由于交换机的信令接口不统一，邮电部没有强制标准，所以各种型号交换机间的电话接通率特别低，只有3%左右，严重影响通信质量和经营服务。邮电部将在北京的交换专家和维护骨干集中起来，成立了两个组，到全国几个重要的网络节点调研，发现问题、解决问题。后来，郝为民小组到了武汉，武汉在全网的地位非常重要，是九省通衢之地，更是电信网络交汇之地，这里的问题最大，因为武汉市电信局引进的是美国AT&T公司5号机。5号机进入中国市场比较晚，技术储备不足，所以出现的问题最多。那时美国人对整改问题不太积极，AT&T北京办事处的人员急得直哭。后来因为此事又请来了很多专家，大家达成比较一致的意见是，美国对中国信令系统研究、理解得不够，在同步上有问题，造成了接通率低。在严谨的逻辑分析和现实状况面前，美国人才开始全面深入地研究中国信令规范，最后修改了5号机信令接口，解决了武汉的接通率问题。

1990年8月，杨贤足副部长到拉萨出席西藏自治区通信建设会议，郝为民陪同前往，中途转机时在山南泽当住了一夜。泽当位于雅砻河与雅鲁藏布江汇流处，四面石山环抱，森林、草地与蓝天交相辉映，是座美丽的小城。在这里，他们遇见了西藏自治区人民政府主席江村罗布，他说："西藏蕴藏着丰富的宝藏。我们在西藏就是为国家守护着这些宝藏，每天早晨醒来，看到五星红旗还在那里飘扬，我就完成了一天的任务。"拉萨市副市长孔繁森很支持邮电通信发展，许多活动他都参加，还安排杨部长一行在拉萨附近走走看看。郝为民亲眼见到了西藏地区通信极为落后的状况，全区 70 多个县，只有 20 多个县有通信手段，大部分靠短波会晤。很多县邮电局连通信杆路都没有，用土坯垒起来一米多高的土台子，上面架上线担，基础设施非常简陋、非常薄弱。回北京后，郝为民根据西藏地域辽阔、人口稀少的特点，认为采用通信卫星电路沟通，是最为经济有效的途径。他起草了关于解决西藏通信问题的建议给邮电部领导，分为两个层次一次解决：首先安排北京至拉萨的项目，其次安排西藏各县的项目。邮电部采纳了郝为民的意见，拨出几百万元专款，选用美国休斯公司 VAST 系统组建西藏自治区通信网络。该计划由邮电部计划司负责，郝为民主要负责卫星组网方面的工作，协调解决有关技术问题。地面站建设、设备安装和转发器租用进展得很顺利，但是当时西藏自治区邮电部门技术人员非常匮乏，拉萨地球站开通后，北京的电话怎么也打不进来，郝为民就在北京遥控拉萨的技术人员操作，按照程序一步一步地检查、排除问题，最后发现他们把接收和发送数据线与地面站接口接反了，换了一下塞绳，拉萨传来了清晰的语音。按照西藏模式，邮电部投资解决了新疆长途通信问题，为边疆建设和国防安全编织起了天地网络。

1989 年 7 月 19 日，邮电部任命郝为民为邮电部电信总局负责人、总工程师。全国邮电部门迎来了新中国成立 40 年来大发展的高潮。党中央、国务院给予通信业充分的重视和支持，从党的十二大以后，通信就与交通、能源、原材料一道被列为国家发展的战略重点。行业实行了电话初装费、"四个一起上""三个倒一九"政策，以及"统筹规划、条块结合、分层负责、联合建设"十六字方针，为电信大发展拓展出了优良的"生态环境"。江苏省在全国率先成立省政府通信建设领导小组，将电信发展纳入地方经济工作，以省政府名义召开全省通信建设会议，研究部署电信发展具体工作，各省（自治区、直辖市）纷纷效仿，中央、地方合力发展电信事业的洪流汹涌澎湃，席卷中华大地。这一阶段，郝为民陪着邮电部领导奔赴各地，参加各地召开的通信建设会议，审查当地通信发展蓝图，送去邮电部的关心与支持。除了西藏和新疆，还有江苏、浙江、上海、福建、广东……

1991年，邮电部开始筹备建设全国数据通信网，当时中国有一个数据网，名叫"三八网"，其中，"三"是指数据网有三个节点：北京、上海、武汉；"八"是指数据网有八个集中器，2400波特。

1991年，郝为民率领邮电部电信代表团访问美国、加拿大，考察两国的数据通信网规划建设和运营管理情况。加拿大通信部长接见了郝为民一行。当时，邮电部电信总局的国际数据用户为零，加拿大已有了50000个用户。郝为民看到，加拿大机场、码头都设有数据终端设备，旅客用键盘敲打一下，就能看到航班、旅馆和轮船信息。那时加拿大北电公司的数据通信设备研发制造能力与AT&T不相上下，竞争很激烈。考察回来后，郝为民即刻组织规划全国数据通信网（X.25），规划方法几乎完全借鉴他五年前在斯坦福大学的思路和做法，电信总局的同事据此很快制订出了网络规划方案，邮电部批准了规划方案，采购了加拿大北电公司的设备，建成了新一代全国公用分组数据交换网。

分组网建成以后，郝为民到韩国、日本和新加坡学习考察，看到当地电信公司已经为客户提供带宽为50 Mbit/s的业务，主要用于互联网接入和访问，感到十分震惊！互联网，始于1969年的美国，美国空军为了提高网络抗打击能力，开发出了ARPA NET（阿帕网），首先用于军事信息系统的连接。另一个推动互联网发展的是NSF网（广域网），采用TCP/IP与互联网相连。互联网由许多计算机组成，计算机之间要传输数据，必须遵循

TCP/IP。

1992 年，邮电部电信总局积极地探索中国的互联网发展之路，力图将中国引入互联网世界。美国主宰着国际互联网，大多数的互联网根服务器在美国，中国必须首先进入美国互联网才能连接世界。邮电部电信总局选择了 Sprint 公司作为接入点。Sprint 公司成立于 1938 年，前身是 1899 年创办的 Brown 电话公司，在提供先进数据服务方面首屈一指。电信总局和 Sprint 公司的协议签字仪式在北京中国大饭店举行，郝为民在协议上签字。协议要求在北京和上海设立两个出口局，每个局的出口带宽为 64kHz，采用思科公司的 3700 设备，思科的杂志还刊登了对郝为民的专访。美国财政部部长、中国邮电部副部长、中国邮电部电信总局局长出席了签字仪式。

与美国 Sprint 公司互联网协议的签署，展示了改革开放的中国走向蔚蓝色海洋的理想。然而，中国走向世界的道路还非常狭窄，还无法承载迅猛增长的跨越海洋的信息交流。此刻，中国信息通信行业发展的主导者邮电部，正在进行着筹划。1989 年 10 月，郝为民和北京电信管理局局长随邮电部部长杨泰芳出访美国，出访有这样几项日程：第一是杨部长参加国际邮联华盛顿大会；第二是与 AT&T 签署建设中日海底光缆备忘录；第三是美日联合赠送中国 ID2 系统，即 Ku 频段 2Mbit/s 中速卫星通信系统。作为中日海底光缆开通前的国际通信设备，安装在北京三元桥国际局的房顶上，发挥了一些作用；第四是杨部长与美国 AT&T 和日本 KDD 签订建设中日海底光缆备忘录；第五是签署引进 AT&T 公司数字产品生产系统的协议，郝为民代表邮电部签字。部长一行参观了贝尔实验室、电信设备商，还参观了"面向 21 世纪通信"展览。当时，中国正在筹办第 11 届亚运会，没有卫星直播系统。部长一行人在 GTE 公司看到了汽车卫星直播系统，认为其比较适合赛会直播，就责成北京公司与 GTE 公司谈判，在全国首次引进了卫星直播通信车，在北京亚运会期间派上了用场。

1989 年，郝为民陪同杨泰芳部长访美期间，与 AT&T 公司高管及基辛格博士（右二）合影

AT&T 总部签字仪式后，公司董事长罗伯特·艾伦和 AT&T 海缆部总经理查理·豪根先生设宴款待部长一行，席间，杨部长向艾伦先生介绍郝为民："这位是郝为民，他是蒙古族，是成吉思汗的后裔。"艾伦一怔，他知道成吉思汗是率领蒙古铁骑横扫欧亚大陆的一代枭雄，但他怎么也无法将眼前这位温文尔雅的郝为民与成吉思汗联系在一起。艾伦问道："郝先生的英语是怎么学的？"郝为民答道："我学英语还真有一点儿故事，第一次学的是哑巴英语，那是 40 年前在解放军工程学校，为了能看英文说明书，掌握美国无线电设备而学英语；若干年以后，为了改革开放，为了向美国学习，我才学了能说话的英语。"艾伦和杨部长都笑了，连艾伦请来的大名鼎鼎的基辛格博士也笑了。郝为民经常在电视里见基辛格，面对他还有一点儿拘束。艾伦和 AT&T 公司给予杨部长一行最高的礼遇。

互联网问世后，就互联网是否全面开放，存在着争议。后来开放了，但管得很严，互联网账号要在公安局备案。1994 年，社会增值服务竞争越来越激烈，郝为民向邮电部领导提出建议：成立专业公司运营增值业务，包括数据通信、无线寻呼等。电信总局打算设立中国数据公司、中国移动公司，但工商局不同意公司名称带有"中国"字样，后来将其设为内设的局，即邮电部电信总局数据通信局、移动通信局，郝为民担任了数据通信局筹备组组长。

数据通信局成立后，邮电部电信总局在 1994 年召开了第一次全国数据通信工作会议，邮电部部长吴基传、副部长朱高峰出席会议。这是一次规划全国数据网发展蓝图、实施数据通信发展战略、大步发展数据通信的大会，对未来产生了深远影响。

1991 年，郝为民带团去莫斯科，与苏联国际卫星组织谈判。那时，中国国际华语广播主要靠卫星，当时有个转发器专门面向东南亚地区提供服务，那里华侨比较多。可承担转发任务的卫星寿命终止后，东南亚地区的华语广播就停播了。华侨联合会给中央写信，请求尽快恢复华语广播。信件被转给广电部和邮电部后，郝为民牵头做了调查，了解苏联有一颗卫星已倾斜，但程度不大，完全可以用来承载广播业务。郝为民一行人在莫斯科工作了十几天，后来合同签了，中国租用一个卫星转发器，每年租金 110 万美元。第二天准备签字了，郝为民读中文，随团的小张将其翻译为俄文，由于经验不足加上精神紧张，她把 110 万美元翻译成了 11 万美元，苏联国际卫星组织的副总裁当时就愣住了，让她再说一遍。郝为民连忙说翻译有误，应该是 110 万美元。类似这样的场合，郝为民还遇到过几次，由于他精通外语，减少了很多误会和麻烦。

1992 年 4 月的一天，杨泰芳部长对邮电部电信总局局长说："应该给郝为民加上一个行政职务，让他更好地发挥作用"。1992 年 5 月 23 日，郝为民被任命为邮电部电信总局副局长兼总工程师，此后，他的事业将面临蔚蓝色的海洋。

第一条海底大通道

栾正禧，时任邮电部电信总局局长，1957 年毕业于北京邮电学院前身——邮电部北京电信学校，被分配到上海市电报局机房维护设备。品学兼优的他不久后就被调到上海市电报局科研室从事技术革新、技术改造（"双革活动"），他参与的第一个项目是"6401"工程—— 一个微波项目，完成后他就担任了另一个项目的负责人，这个项目叫"插报试验"，普通的语音频段是 800～3400Hz，实际上2700Hz 频宽基本就够用了。栾正禧与其他同事努力在这一频段开出了一条载报电路，提高了电路利用率，为此，他和同事们在机房里熬了七天七夜。还有一个项目是"双机头"转报装置，传统的装置都是一个机头输入纸条，栾正禧与其他同事努力研究

栾正禧先生，20 世纪 90 年代初任邮电部电信总局局长

出了"双机头"，一个设备同时输入两个纸条，大大提高了工作效率。20 世纪70 年代初，上海市电报局接受了南京军区通信兵委托的项目，称为"708"工程，

即解决部队快速通信问题。那时的电报转报标准速率是 50 波特／秒，而栾正禧研究的凿孔机的速率为 600 波特／秒，是传统速度的 12 倍。为缩小计数器体积，栾正禧决定采用最先进的集成电路技术，他在上海无线电五厂学习了几个月，仔细地研究和查看各个工序，向书本和工人师傅们请教，熟悉了制作集成电路的全过程。当时，集成电路的成品率只有 15%，稍有不慎就会损坏集成电路，过程必须小心翼翼地进行。一个集成电路就是一个与门或非门，比晶体管开关电路体积小很多，这些集成电路组装成逻辑电路，再组成双稳态电路，用来控制计数器，果然体积大大缩小，转报效率大大提高。什么是波特率？在数字通信中，用时间间隔相同的符号来表示数字，时间间隔内的信号被称为码元。波特率是码元传输速率，说明单位时间传输了多少个码元。600 波特凿孔机研制成功后，栾正禧又研究部队的调度台语音传输问题，因为语音传输 15 千米后，在不同的频段衰耗不同，容易造成语音传递质量降低。栾正禧在电话线上加了均衡器，消除了这一现象。

1973 年，连年被评为电报局"五好职工"的栾正禧到了首都北京。长期的勤奋好学、努力实践，成就了栾正禧的事业，39 岁他就到了邮电部电信总局。20 世纪 80 年代末，他担任了副局长，1991 年担任了邮电部电信总局局长。

基本相同的人生经历，一样的钻研精神和志趣爱好，让栾正禧很相信郝为民。郝为民的新任命下达后，栾正禧就将规划、组织建设国际电信网络的权柄交给了他。

新中国成立前，中国的国际通信以上海为中心，在 20 几个国家设有 26 条无线电报电路、2 条无线电电话电路和一条无线传真电路。新中国成立后，中国又与苏联、蒙古国、朝鲜和越南等国家建立了无线电电路和架空明线载波电路。

20 世纪 70 年代，中美建交，中日邦交正常化，掀起了中国建交的高潮，国际通信需求日渐高涨，这一局面要求邮电部门必须尽快改变国际通信落后的状况。邮电部门组织在北京、上海和广州引进了标准卫星地面站（天线直径 30 米），通过太平洋和印度洋卫星与世界较大国家建立了直达电路，不仅满足了电报、电话等一般业务需要，还满足了数据传输、真迹传真、广播和电视直播等业务需要。

20 世纪 80 年代，中国成为国际通信卫星组织（International Telecommunications Satellite Organization）董事单位，此后，中国每年都出席该组织的年会，开阔了视野、扩大了交流，登上了国际电信网络发展的大舞台。

1992 年，郝为民和王洪建参加中日海底光缆数据收集会议

进入了改革开放和现代化建设新时期的中国，对国际通信表现出了极大的渴望。1989 年，邮电部在北京召开了第一次国际通信海缆应用研讨会，邀请了国外较大电信公司和国内专家学者，展开了热烈的讨论，最后形成中国的国际电信发展新战略：发展建设以中国为中心的国际网络，利用上海和广东汕头国际海缆登陆站和经转中心，向东经过太平洋连接东亚各国和美洲，向西经西亚、中东、印度洋连接欧洲，加上京沪穗卫星网络，形成以国际光缆为主、卫星通信为辅的国际化电信网络格局。

王洪建，1966 年北京邮电学院工程经济系国际通信组织专业毕业，1973 年到邮电部电信总局，30 年一直从事国际通信组织和国际光缆建设，是中国国际电信发展建设的亲历者，他参加了从 1982 年到 2003 年国际卫星组织召开的所有年会、数据收集会议和部分董事会议，以及陆缆、海缆工程的谈判，作为当时郝为民的得力助手，见证了中国在国际电信网络中从无到有、由弱到强的过程。2019 年 8 月 14 日，我拜访了王洪建先生，他保存了大量的中国陆地和海底光缆项目的文件和资料。他娓娓谈了 2 个多小时，我终于在脑海中形成了清晰的中国国际电信网络发展演变图。

中国首先选择了日本，建设第一条海底光缆。中日之间在 1976 年 10 月 25 日开通了海底电缆，480 条语音电路，全长 1080 千米，分别在上海南汇和日本熊本县的苓北登陆。到了 20 世纪 80 年代中期，这条海底光缆就不堪重负了。而此时的中日间通信业务量每年以 40% 以上的速度递增，中日海缆建设刻不容缓，迫在眉睫！

1987 年，AT&T 和 KDD 公司到邮电部商讨建设海缆的方案，1989 年，杨泰芳部长赴美签署中日海缆备忘录。1990 年 2 月，邮电部电信总局与美国 AT&T、日本 KDD 公司开始了谈判，电信总局局长栾正禧委托郝为民全权负责这件事。中日海缆怎么建设？登陆点在哪里？采取什么技术？基本上是日本 KDD 公司提相关方案，然后共同讨论。第一方案是：采用 PDH

担任邮电部电信总局副局长时期的郝为民

（准同步数字系列）三次群系统，速率为 140Mbit/s，因当时还没有 SDH（数字同步系列）技术，工程总估价为 7400 万美元。郝为民说："这个不行，现在

159

PDH 已经有了 560Mbit/s 技术设备，不能再用 140Mbit/s 的，要用就用 560Mbit/s 的吧。"美日代表接受了郝为民的建议，采用了四次群的 PDH 系统。郝为民经过反复计算，认为 KDD 公司的工程估价过高，根本用不了这么多钱。他还展示了自己计算的清单，希望 KDD 公司再重新进行预算。对方又回去研究了一番，提出的新预算是：6464 万美元，比原来（7400 万美元）下降了 12.6%，速率却是原来的 4 倍。后来，各方开始谈各自的出资比例，国际光缆建设资金分摊一般实行点对点传统模式，如上海到九州，原则上投资和产权各占一半，假如有 1000 条电路，中国、日本各自有 500 条电路的使用权。郝为民的意见是："虽然海缆建设各自承担一半，但是中国在海缆施工方面基本没有什么利益，既不从事设计，也不从事施工，全都由美、日负责，美、日两方的利益大于中国，即使多出一些钱也不亏。"日本方面觉得郝为民说得有理。最后商谈结果是，中国出资 2700 万美元，其余由日本 KDD 出资。若按照 50% 比例出资，中国邮电部应承担 3232 万美元，这样节约了 532 万美元。协议达成了，中国投入 42% 的资金，获得了 50% 的使用权和产权。谈判过程中还有一个插曲，日本人提出，中日海缆在日本九州宫崎登陆，宫崎在日本最南端，宫崎再到美国 TPC4（环太平洋光缆）日本登陆点千叶县有 1000 千米，日本坚持让中国出钱接入千叶县，花费 180 万美元。郝为民对美、日代表说："我与你们定的协议，是与美、日两家谈的，至于你们怎么把宫崎到千叶县海缆连接，是你们与 AT&T 公司的事情，中国不能出这笔钱。"这件事情拖了很长时间也没有解决，最后一次，日本人来北京，郝为民继续与他们谈判，日本妥协了，中国节省了 180 万美元。1990 年 2 月 21 日，中、美、日在北京签署了数字网络工程谅解备忘录和工程实施纪要，中国邮电部副部长朱高峰、电信总局局长栾正禧，日本 KDD 公司副总裁西本·正，美国 AT&T 公司副总裁、AT&T 公司海缆部总经理查理·豪根出席了签字仪式。

1990 年 5 月 5 日，邮电部和外交部共同向国务院呈报建设中日海底光缆的请示，阐述了建设中日海缆的目的、意义、规模、预期收益等，国家计划委员会、中国人民解放军总参谋部、国家海洋局等单位会签后，国务院很快批准了项目。1990 年 8 月 13 日，《建设中日海底光缆协议备忘录》在东京签署了，朱高峰和张立贵代表邮电部签字。1991 年 12 月 14 日，《中日海底光缆建设和维护协议》签订了，这拉开了海缆建设的序幕。协议规定：中日海缆在 1993 年内完成。之后，中、美、日三方出人，成立了中日海缆工程管委会，是最高管理机构，下面有 3 个小组：工程小组、财务小组和采购小组。邮电部还专门成立了中日海缆办公室，地点在上海，成员有电信总局、邮电部基建司、上海邮电管理局的相关人员，邮电部基建司司长赵永源为主任，郝为民为副主任。海缆办的主要职责是：贯彻执行部领导对海底光缆建设的各项指示及有关方针、政策；根据海底光缆建设需要，及时与中央有关部门联系协调；代表中方参加三方成立的临时管理委员会及其下设的技术组、建设维护协议组、财务组；参与三方共同编制中日海底光缆系统建设及维护协定；参与拟定各项设备的技术规范书、标书，审核工程有关设计技术文件；负责工程投资的管理，建设资金的计算及制订支付办法。

海缆工程总承包商是阿尔卡特公司，海缆敷设分为大陆架敷设和公海敷设，大陆架部分建设比较难，因为大陆架比较坚硬，开槽困难，而且要深，施工难度大，光缆还容易被过往船只抛锚刮坏。光缆一般是双铠，有两层钢护套，价格比较贵。深海光缆敷设，直接放下去就可以，都是单铠的，比较便宜。

1993 年 12 月 15 日，第一条中日海底光缆通信系统建成。这条由中国邮电部电信总局、日本国际电报电话公司（KDD）和美国电话电报公司（AT&T）三方共同投资建设的海底光缆通信系统，经过中、日、美三方验收和全程测试，各项技术指标均符合总技术规范标准和 CCITT（国际电报电话咨询委员会）的有关建议，工程质量优良。中日海底光缆，从上海南汇至日本九州宫崎，全长 1252 千米，通信总容量达 7560 条通话电路，相当于 1976 年建设的中日海底电缆容量的

15 倍。

中日两国同时在北京和东京举行了中日海缆开通典礼，郝为民和电信总局计划工程处处长张广玉代表邮电部到东京参加开通典礼，日本邮政省副部长、KDD公司总裁经多家三，还有中国驻日本大使馆公使衔参赞王毅出席了典礼。典礼结束后，郝为民和张广玉与 KDD 公司海缆工程部负责人黑田在院子里栽种了一棵樱花树，象征中日之间的合作与友谊欣欣向荣。

中日海缆的建成，有以下几方面益处：一是缓解了中国与美日国际通信的紧张状况，使太平洋最具活力的三个区域通过大容量光缆系统连接起来，推动了亚太经济繁荣；二

1993 年 12 月 15 日，郝为民和电信总局计划工程处处长张广玉（右二）在日本参加中日海缆开通典礼后植树纪念

是中国熟悉了国际光缆建设的规则、标准、方法，积累了经验；三是中国培养了国际电信网络规划、建设施工、运行维护方面的人才，邮电部郑州和北京设计院的相关人员参与中日海缆相关工作，与美国、日本的工程师讨论、研究技术问题。

海底光缆维护按划定的维护区进行，太平洋光缆设有横滨维护区，负责西太平洋的维护管理，必须要有维护船只、相关设备和人员，KDD 公司有这种维护船只。邮电部在进行中日海底光缆建设时成立了上海海缆公司，有一艘维修船（"邮电一号"），该船也参加了横滨维护区工作，平时维护船在港口待命，出现故障第一时间赶到现场抢修。多年后，上海海缆公司装备和运营水平大幅度提高，很好地适应了中国国际海缆维护的需要。

跨越太平洋

中日海缆采用点对点方式，还无法提升中国在国际电信网络中的端局地位，发展的中国要成为世界电信网络的节点，要成为东半球的电信枢纽。

美国 *Laser Focus World* 1992 年 12 月报道：AT&T 公司宣布在跨太平洋光缆系统 TPC-5 中投资 4 亿美元。TPC-5 的路由是：美国圣路易斯港－夏威夷－关岛－日本宫崎－日本二宫－美国考斯湾－美国圣路易斯港。总投资 11 亿美元，南路将于 1995 年年末开通，整个系统最终在 1996 年开通。AT&T 为主要投资者，出资占总数的 35%。34 个国家的 46 家公司投资了该网络。TPC-5 系统是具有自愈性的 SDH 环形网络，即使光缆破裂，业务也不会中断，其措施是把信号转到备用光纤恢复业务，不是通过卫星恢复业务。通过 4 对传输速率为 5Gbit/s 的光纤，其最多可传输 100 万路电话或等效的数据、传真或电视组合视频信号，是目前全部越洋系统传输容量的 10 倍，TPC-5 全长 25000 千米。据美国 AT&T 公司国际设备管理处处长 Bill Carter 介绍，TPC-5 采用光放大器，不必再经过光－电－光转换，系统所用元件总量减少，建设成本降低。

环太平洋 TPC-5 的建设模式与中日海缆不同，美国 AT&T 公司和日本 KDD 公司主导建设，采用公众投资模式。项目先公布海缆的建设规模，在哪里登陆，大概需要多少钱，每个MIUS投资多少。世界各国认购容量，待认购达到预定数量后，就开始建设。点对点的海缆建设相对简单，参与TPC-5这样的项目就复杂了。1991年9月10日，郝为民和邮电部财务司副司长刘旺金、电信总局国际处处长王洪建前往美国夏威夷的茂宜岛，参加TPC-5光缆第二次数据收集会议和第一次潜在投资者会议。郝为民一行人没有时间观赏茂宜岛的秀

1992年9月22日，郝为民陪同杨泰芳部长访美

丽风光，立即投入紧张的工作。在会议制作的代表名单上，郝为民看到台湾"中华电讯"前面赫然写着"中华民国"的字样，郝为民立即找到AT&T公司的查理·豪根先生，说："世界上只有一个中国，台湾也承认只有一个中国，名单上的这种表达方式我们不能接受！"美国人很强硬："这只是一个名单，又不是正式签字的文件，以往我们都是这么写的，而且美国政府从来没有告诉我们不能这么写。"郝为民说："我们是AT&T公司请来的客人，一个中国是中国政府的底线，你们应该能够处理好这件事情。"美国人悻悻地走了。第二天，更正后的新会议手册换发了。购买TPC-5系统的容量和出资数额商谈得很顺利，可在签署《补充谅解备忘录》时又出现了问题。以往，台湾中华电讯参加国际海缆项目时，都以"中华民国+公司名称+公司地址+签字人"的方式签约，这显然触碰了中国的底线，是不能容许的。郝为民再次找到了查理·豪根先生阐明立场，他耸耸肩去找台湾中华电讯商量了。可中华电讯说这肯定不行。后来，郝为民提建议，不写"中华民国"，双方都在中国后面写公司名称再签字，中华电讯依然不同意。一夜过去了，到吃早餐时各方还没想出办法，郝为民与AT&T公司查理·豪

根商量，大家都把国名去掉，直接写公司名字和地址再签字是否可以？他说：
"郝先生，我们这么多年都是按照这个规则办的，不能因为你郝先生加入就把
这些给改了。"郝为民坚定地说："这是原则问题，或者双方都署中国，或者
都不署中国，直接写公司名称，我们只能按这个方案来签字，这对大家都是公
平的。"查理·豪根想了想，提出了一个建议："签两个备忘录，一个给台湾，
按照原来的署名方式。再按照郝先生的意见签一份带回中国，这样双方都达到了
目的。"郝为民正色道："这是作假，是欺骗国家，我绝不能做！"上午，中
美继续磋商这件事，依然没有进展，郝为民同刘旺金和王洪建商量了一下，对
查理·豪根说："如果同意我的意见，我就签字；不同意我的意见，我就发表声
明，说不是中国邮电部电信总局不想签，是你们给我们设置了政治障碍，责任不
在中国，我们马上退出会议，明天就回国。"

查理·豪根与郝为民打了多年交道，与郝为民的私交也不错，从未见过郝
为民如此严肃地对待一件事情，他再次去找中华电讯的人商量。晚上 9 点半，查
理·豪根找到郝为民："就按郝先生的意见办吧，以后凡是类似的海缆建设协议，
都以这个为范本。"环太平洋 TPC-5 海缆于 1995 年 12 月投产，中国又增加了
一条连接世界的信息大通道。

中日光缆尚未开通之时，中韩海缆又提上了日程。20 世纪 90 年代初，随着
中韩经贸的发展，两国信息交流迅速增加，促进了两国关系改善，两国建立外交
关系已无悬念。1992 年 6 月，国际卫星组织在北京中国大饭店召开"中日海缆第
一次数据收集会议"，韩国电信向中国提出了建设中韩海缆的建议：1. 在 1992
年 10 月召开专家组工作会议；2.1993 年 10 月签署谅解备忘录；1994 年 10 月签
署建设和维护协议；3.1996 年投产使用。建议还提出了中韩海缆的三个路由建
议：1. 韩国瑞山至山东威海市，全长 422 千米；2. 韩国瑞山至山东青岛，全长
557 千米；3. 韩国釜山至上海，全长 950 千米。邮电部电信总局认真研究了韩国

建议，认为选择上海作登陆点距离有些长，确定在青岛和烟台之间选择登陆点。不料引起了青岛、烟台两个城市的登陆点“争夺战”，电信总局一时犹豫不定，山东省邮电管理局从中调和也无济于事，两个城市都势在必得。烟台市的理由很充分：我们距离韩国最近。青岛市的理由也很充分：我们是山东第二大城市，经济发达，又是天然良港，还是北海舰队司令部所在地，海缆在青岛登陆意义非常重大。最后，总参投了青岛市一票，这是决定性的一票，青岛的海防地位举足轻重，请邮电部考虑在青岛登陆。青岛市胜出。邮电部和青岛市政府联合成立了中韩光缆建设领导小组，组长是青岛市市长俞正声，郝为民和山东省邮电管理局局长郑万升是副组长。青岛市非常支持这个项目，研究制定了许多优惠政策，协调解决了许多问题，保证了工程顺利进行。最后，登陆地点就定在了青岛第二浴场（八大关），这是中国主导建设的第一条国际海缆，从参与到主导，这是一次具有里程碑意义的跨越！

陪同杨泰芳部长视察工作

1994年5月18日，中韩海底光缆工程总承包合同在人民大会堂签署，邮电部部长吴基传、副部长朱高峰，青岛市市长俞正声以及韩国电信赵总裁等出席了签字仪式。

1996年2月9日，中韩海底光缆工程在北京和韩国首都同时举行了盛大的开通典礼，两国还发行了纪念邮票。北京的开通典礼在人民大会堂新疆厅举行。

郝为民始终坚持认为，中国的国际通信必须有质的飞跃，必须改变以往终端局角色。当时中国只是 C5 级别，要成为国际通信枢纽，就要上升到 C2 级别。
他提出了发展中国国际通信的三个想法：首先是国际光缆通信网中心要西移，
在国际电信网中看日本，他们接入的国际光缆密密麻麻，但走中国的只有一两
条，这种状况必须改变，国际网络要从东京移到北京和上海，这就是西移。郝
为民对上海市邮电管理局局长程锡元说，长江三角洲是增长潜力最大的区域，
上海的国际通信地位必将大幅度提高，很多国际光缆都将在上海登陆，上海要
做好充分的准备。其次要北移，南亚有两个国际通信中心，一个是中国香港，
一个是新加坡，中国南去的光缆，不是在中国香港就是在新加坡出口，导致通
信成本高，结算不方便，网络安全也存在问题。郝为民多次建议，南去的光缆
登陆点必须选在广东。他和广东省邮电管理局崔勋局长在广东沿海一路考察，
一路选择，最后选择了汕头这个登陆点。以后，FLAG 光缆以及很多国际海缆
都在汕头登陆。第三是坚持一个不变，中国香港和新加坡都想成为国际光缆登
陆点，中国支持香港是不变的。

王洪建告诉我："当年郝总给我看过他在斯坦福研修时做的一张全国电信网
络规划图，几年以后，中国的'八横八纵'结构与郝总当年的蓝图是基本吻合
的。"到 1994 年，中国在北京、上海、广州三个国际出口局，已有 3 万路端的
国际数字程控交换机运行，2 万多条国际电话电路开通，与 48 个国家和地区的 53 个电信公司建有直达电话电路，与 200 多个国家和地区建立了业务联系，为国内约 1000 个城市提供了国际电话

郝为民访问俄罗斯，协商建设中俄跨江国际光缆事项

用户直拨业务；国际电话业务连续几年平均增长率达到54%以上；开放了直拨国外话务员受付电话（HCD）、800号、电话信用卡、数据分组交换、电子信箱、传真存储转发、可视电话、会议电话、无线蜂窝移动电话国际漫游和高速数字专线新业务，新建的分组交换骨干网覆盖了中国全境，入网用户已达5000；在三个国际出入口局，建有六座A级标准国际卫星地球站，分别通过印度洋、大西洋、太平洋卫星与世界各国联通。中国参加发起了中日、中韩海缆和亚欧陆地国际光缆系统建设，参与了太平洋、大西洋和印度洋区域10多条国际光缆建设，中国可以和世界许多国家建立直达光缆电路，国际网络的质量大大提高。

中国的国际光缆发展战略，在郝为民、王洪建、赵永源、张广玉以及许许多多前任和继任者的共同努力下，顺利推进着，超前实施着，越来越接近预定的目标。1992年，朱高峰部长发起建设亚欧陆地光缆的设想，这一设想得到了高层的认可，但还没有上升为国家战略。王洪建带领3个人，21天访问了7个国家的十几个电信公司，向他们介绍亚欧陆地光缆组网方案、传输能力，得到了沿线国家的积极响应，半年内，一行人在北京、乌鲁木齐、塔什干等地召开了三次国际会议具体落实方案。1993年，合作协议签署。根据协议，中国、德国、哈萨克斯坦、吉尔吉斯斯坦、波兰、塔吉克斯坦、乌克兰及乌兹别克斯坦共同建设亚欧光缆，以上海为起点，以德国法兰克福为终点，全长21000千米，采用140Mbit/s或更高速率传输技术。系统投入使用后，不仅可以使有关各国建立直达通信，还可实现各国间网络数字化。1998年10月14日，开通仪式在中、德举行。邮电部副部长周德强和上海市副市长韩正出席了上海开通仪式，信息大通道赋予古老丝绸之路以生机。郝为民参加了亚欧陆地光缆具体策划，组织或参与了相关的会议。之后，中国发展国际光缆的步伐越来越快，环球海底光缆（FLAG）建成开通；亚欧海底光缆（SEA-ME_WE3）建成开通；中美海底光缆建成开通；亚太二号光缆建成开通……

截至 2018 年 11 月，仅中国电信集团的现役国际海缆总数就达到 39 条，国际陆缆达到 21 条，投资建设国际海缆权益容量达到 70 Tbit/s。邮电部电信总局三十年前的战略构想终成现实。

为奥运鼓与呼

"让世界了解中国！"郝为民参加了两次北京申奥，第一次是在 1993 年，北京申办 2000 年夏季奥运会，主要是与悉尼竞争。邮电部副部长杨贤足加入北京申办奥运会领导小组，郝为民参加了通信工作组，成员来自邮电部、广电部和电子工业部。工作组根据奥运会申办提纲，要写出几百页关于通信、广播、信息服务等方面的发展现状，以及为了申奥采取的改进措施。领导小组经过研究，决定由邮电部牵头做这件事，郝为民负责业务组的工作。

第一阶段的工作，是给国际奥委会提交答卷，承诺到 2000 年，中国的通信、广播、信息服务，包括计分系统、赛事系统、安全保卫系统、场地系统、财政系统、文化系统能够达到何种水平，而且要求以数字来体现。

郝为民带领业务组做了大量的调研，1993 年，北京局的移动电话用户只有约 2 万户，数据通信用户不到 1 万户，其他电信服务系统也很落后。广电系统没有高清电视节目，信息系统相当不完善。为了申办奥运，郝为民等人壮着胆子预测、做承诺，提出到 2000 年，北京市的移动电话用户由 2 万户增长到 20 万户，数据通信达到几万户，有人认为这是不是有些夸张，但郝为民很清楚，即使是这样的承诺，与国际奥委会的要求还有很大距离。

第二阶段，国际奥委会评估委员会抵达北京，全面考察北京申办工作，参观比赛场馆，听取北京奥申委的汇报和答辩。北京奥申委的各个小组向国际奥委会评估小组进行书面汇报，每组汇报 15 分钟，必须用英语汇报，最后还要答辩。郝为民代表三部委汇报并答辩，为了在国际奥委会面前充分展现北京申奥的决心和信心，他们进行了多次彩排。北京奥申委的领导坐在主席台上听取各个组的汇报演讲，然后提出改进意见。大家轮流登台演讲，主席台上的人模拟国际奥委会成员提问，还请《美国

2000 年 2 月 12 日，郝为民接受北京电视台采访，提出数字奥运理念

之音》的几个人作顾问，从演讲文稿的遣词造句上把关。有一次在五洲大酒店，轮到北京市副市长张百发演讲，当时奥申委里只有两个人允许用中文演讲，其中一个是张百发。张百发主要讲奥运会的组织保障，开始他看着材料读，后来效果不好，张百发就改用口语汇报，即兴发挥，说话随便一些，他很有水平，说的话很有趣味，也富有哲理，会场报以掌声。

1993 年上半年，国际奥委会评估委员会来到北京，这一天，西装革履的郝为民，代表邮电部、电子工业部和广电部走上北京五洲大酒店的讲坛，用流畅的英文、铿锵的语调，向国际奥委会汇报北京的通信、广播、信息服务能力和水平，对 2000 年奥运会的承诺，以及兑现承诺的保证措施。他提出的目标具体而准确、保证措施扎实，回答问题明晰而确定，委员们听得认真，露出赞许的目光。此外，公安部、文化部、外交部的新闻发言人先后上台演讲，汇报和答辩圆满成功。1993 年 9 月 24 日，北京时间凌晨 2 时 30 分，萨马兰奇在摩纳哥蒙特卡洛路

易二世体育场宣布悉尼获得 2000 年奥运会举办权，北京以 2 票之差落选。许多国人为此而悲伤，但郝为民觉得虽败犹荣，能为申奥做点儿工作，是件无上光荣的事情。在汇报会现场，世界跳板跳水冠军高敏坐在郝为民身边，请郝为民帮忙安一部电话，说我手里拿着 5000 元，不知道往哪里交，也不知道去找谁。郝为民找了北京有关部门，给世界冠军装上了电话。

转眼到了 2000 年，郝为民再次参加了 2008 年奥运会北京申奥工作。北京奥组委要求信息产业部（1998 年，邮电部和电子工业部整合为信息产业部）派一位专家参与申奥工作，信息产业部推荐了郝为民，此时他担任中国东方通信卫星公司总经理，工作很繁忙，当接到北京奥申委邀请时，他欣然同意，加入了北京申奥团队。这次，郝为民是奥申委通信专家、技术部部长。郝为民组织技术部同事制作了 2008 奥运会北京的通信保障方案，非常细致、非常全面、非常权威。

2008 年，北京奥申委技术部全体成员

在奥申委的会议上，郝为民提出建议，将北京奥运会办成数字奥运，以彰显北京举办奥运会的信息化水平。北京奥申委欣然接受了郝为民的建议，最后形成了"人文奥运、数字奥运、绿色奥运、科技奥运"的申奥理念，在国际社会产生了积极影响。2000 年 2 月 12 日，郝为民在北京电视台播放的专题片《通向"2008"》中，畅谈了"数字奥运、科技奥运"的理念及内涵，接受采访的还有北京奥申委主席、北京市市长刘淇，悉尼奥运会体操冠军刘璇等。

以下是郝为民代表北京奥申委向国际奥委会评估委员会做的汇报摘要。

北京提出把 2008 年奥运会办成"人文奥运、绿色奥运、科技奥运"，体现了奥运精神、时代特点和挑战未来的决心。科技奥运是办好奥运会的重要条件。通信、信息服务是科技奥运的重要内容。

建成数字奥林匹克，其特点是宽带的、移动的、智能的网络（BMI）；

建成大容量、具有自愈环功能的通信光缆传输系统；

建成宽带有线、无线接入系统；

建成大容量、宽带、高速交换系统；

建成下一代的移动通信系统；

建成强大的智能网络和网络管理系统；

对无线电频率和卫星轨道等资源要有精密的、有效的规划；

提供下一代的各种服务（Next-Generation Service），提供目前国际上可以提供的各种通信和信息服务；

2008 年，北京一定能提供具有当时先进水平的各种服务（宽带高速接入、3G业务、蓝牙技术局域网、卫星宽带移动通信）；

北京为通信投资 30 亿美元，其中专为奥运投资 4 亿美元，过去 8 年实际投资 54.3 亿美元；

建设光缆 100 万芯公里，交换机容量达到 1302 万门，移动电话用户达到 303万户，数据用户达到 303 万户；

因此，北京具备了相当规模的、具有世界先进水平的通信基础设施。

北京有实力争办奥运；

政府支持，企业、百姓积极参与；

北京还有 1993 年的申办经验；

更有了这 7 年的经济、政治巨大进步；

特别应提及的是，北京培养出了一大批具有各方面知识的人才和企业，其中包括通信和信息服务领域的人才和企业；

北京的通信网采用了世界最先进的技术，很容易升级、换代；

北京的网络规模大，有较大的冗余度，完全能够承受突发的大业务量。

郝为民的汇报字正腔圆、充满豪情。豪情源自祖国电信大发展和北京电信和信息业的长足进步。

2001 年 7 月 13 日，喜讯传来，国际奥委会主席萨马兰奇在莫斯科宣布：北京成为 2008 年奥运会主办城市。中华盛世，举国欢腾，百年梦想，得偿所愿。郝为民面如止水，姚凤英问他："怎么不见你高兴呢？"郝为民回答："2008 年奥运会，舍中国其谁也？"

为国诤言

1993 年，改革潮在通信业不断地涌动着，不断积蓄着能量，一场改革风暴即将来临，酝酿已久的联通公司即将成立。一天，郝为民与朱高峰前往人民大会堂陪同中央领导接见外宾，他们早去半个小时，开始向中央领导汇报工作，忧虑之一是联通要引进外资实现发展，而邮电部门却不能利用外资，存在不平等；忧虑之二是担心联通公司成立后会有重复建设。中央领导一一作答："引进外资是国家扶持联通尽快发展的措施，肯定要这么办。关于重复建设问题，我让相关人员同你们具体商量，应该努力避免。"郝为民第一次听到高层的意见，他敏锐地感到，成立联通公司是中央的既定政策，邮电部门要站在国家大局高度予以理解和支持。第二天，邮电部召开党组扩大会议，朱高峰副部长汇报了情况，郝为民在会上发言："我们要看清形势，把思想统一到中央的方针上来，积极准备、参与竞争。"1997 年，邮电部在武汉召开会议，请了国务院研究中心的专家到会讲话，对保留邮电部表示乐观，与会者都很高兴。到了 1998 年，邮电部撤销，大家在思想上准备不充分，对行业发展都很忧心。

电信体制改革的根本目的是打破垄断、引入竞争，郝为民向部领导提出了建议：把全国的省际干线和国际网络集中交由中央企业统一管理；对于地方电信，中央企业和地方企业各占一定的比例，成立合资公司或股份公司，中央企业占51%，地方企业占 49%，发挥两个积极性，发展地方通信事业。这个建议是郝为民参照了美国政府解体 AT&T 做法提出的，代表他那一代人对通信行业的忧思。

1995 年，邮电部电信总局领导班子成员

1993 年 6 月 1 日，中央领导视察中国人民银行清算总中心时，发表了"实现金融管理电子化"的讲话，开启了中国信息化建设新纪元。"金卡工程"启动了，1993 年 7 月，电子部召开了全国电视电话会议，专门部署"金卡工程"。外国人消费主要靠银行卡支付，身上基本不带现金，而中国人要携带大笔现金。国家实施金融管理，掌控资金流量和流向，可资金在途时间长，信息往往滞后。邮电部副部长朱高峰和郝为民成了邮电部的联络员，电子工业部的联络员是部长胡启立和北京电子办主任朱寿群，人民银行的联络员是行长陈元和科技司司长李烨。以后，这些联络员经常召开会议，讨论和研究问题，有时争论得很激烈。进行金融信息化建设，相当于重组银行金融管理业务流程，难度超乎想象，这是郝为民没有想到的。业内的人都说：七分协调，三分技术。工作主要是协调，协调起来十分复杂，从使用到结算，再到资金转移，问题几乎无穷无尽。有一次，一行人在国务院开完会已是晚上 9 点多，郝为民和胡启立一道走出会议室，胡启立

对他说："老郝啊，咱得想办法变通啊。"其中有无奈也包含着坚韧。

后来，国务院成立了国民经济信息化领导小组，郝为民是小组成员。国家经济信息化联席会议成立，吉通公司成立，"金卡工程"扩大到"金税工程"和"金关工程"，谓之"三金工程"。雄心勃勃的吉通公司要包揽"三金工程"的所有数据传输网络项目建设，包括建通信卫星，建地面光缆，要投资20亿元。郝为民说："三金工程网络不能重复建设，邮电部门都能满足，把需求告诉我们就行。"后来，国务院发来了会议纪要，上面写着，"邮电部门都能够满足的，就不用新建。"还有一次，郝为民代表邮电部参加研究"三金工程"网络问题的会议。电子工业部首先发言，介绍了他们的情况，用胶片机介绍。轮到郝为民发言，他也准备了几张胶片，介绍了全国公用通信网的网络规模、能力、技术水平和覆盖情况，并明确地表态："凡是'三金工程'需要的，邮电部保证尽力满足，暂时满足不了的，邮电部门立即安排建设保证需要。"郝为民的意见被采纳，会议出了一个简报，当时刘利华是国务院秘书二局处长，凡是与邮电有关的会议纪要和简报他都征求邮电部的意见，郝为民加上了这样几句话，"要及时与邮电部门研究，凡是邮电部门有的，就不要重复建设了。"这句话很关键。后来，吉通公司总经理找到郝为民，抱怨说："老郝你的意见为什么不提前跟我们协调一下，你知道为了开这次会，我们做了多少功课啊，结果你一句话，我们的成果全都泡了汤。"

郝为民在电信总局工作期间，经常跟欧美通信设备公司谈判、采购设备。他认为，民族通信制造业发展至关重要。烽火公司与以色列合作做出了光纤，美国驻中国大使馆商务参赞问郝为民："你们的光纤做出来了吗？"郝为民告诉他，中国有了自己的光纤。以后，进入中国的光纤价格大幅度降低，甚至后来出现了光纤倾销，中国光纤企业受到严重挤压，中国不得不动用了反倾销措施。

郝为民在电信总局任职的最后一年，参加了国务院在怀柔召开的会议，邹家华副总理做报告，他刚从北美回来，他的很多北美朋友说，虽然中国现在的通信水平不如美国，但中国后劲很大，一张白纸没有负担，不需要改造，直接可采用最先进的设备，将来肯定要超过美国，这就是跨越式发展的优势。

邹家华副总理提到的跨越式发展，正是邮电部 10 年来走出的一条多快好省、发展中国邮电通信事业的道路。令郝为民最为欣慰的是，在他主管全国国际电信网发展工作的几年中，中国在全球电信网中的地位悄然发生着变化，中日海底光缆建成，把中国由国际端局推到向国际节点局转换的轨道。到 20 世纪 90 年代后期，中国只用了七八年时间，就建设了四五条国际光缆，实现了这个战略目标，成为名副其实的国际枢纽局。

第九章

东方升起一颗新星

20 世纪 90 年代中期，中国卫星通信事业进入了重要转折期。此时，全国的固定电话网、移动通信网、数据通信网、国际通信网已经或即将跨入世界先进行列，但卫星通信发展水平与国家改革开放和现代化建设的需求相比，还有很大差距。中国原有卫星通信发展机制、运营模式面临挑战，迫切需要探索出一条开放的、国际化发展的新路子。

　　退休后的命运，能与中国卫星通信事业千载难逢的发展机遇紧紧地联系在一起，是郝为民没有想到的；能攀上事业的高峰，更是郝为民没有想到的。

老骥新程

1994 年 7 月 26 日上午，邮电部部长吴基传主持召开第 25 次部长办公会议，副部长刘平源、林金泉参加，周长镛、徐善衍、刘立清、刘季芝、赵新通、栾正禧、杜肤生、郝为民、吴安迪、张明德、王世宓列席会议。会议听取了电信总局关于卫星通信发展情况的介绍，并就卫星通信领域中的发展战略和策略问题进行了讨论。会议研究讨论了以下问题。

第一，关于发展卫星通信问题。国际上卫星通信领域发展迅速，技术进步很快，竞争日趋激烈。我们一定要有战略眼光，保持清醒头脑，改变过去单一、封闭的思维方式和经营方式，明确我们在竞争中所处的位置、所占的分量以及应发挥的作用。中国通信广播卫星公司这块牌子本身就是一种资源，就是一种优势。要面向社会、面向市场、加强宣传，不断开拓业务、改善服务、扩大用户规模，取得广大用户的支持与合作，在激烈的竞争中占领市场。

第二，关于卫星移动通信问题。卫星移动通信是一个系统工程，涉及问题较多。目前，卫星移动通信还处于研究、方案比较阶段。利用海事卫星开展特殊业务是必要的，只要用户提出要求，电信总局就可以考虑、去解决。要加强与各有关部门的交往与联系，加强与国内外技术交流与合作，加强技术追踪，及时掌握发展动态，做好市场需求预测，为今后发展奠定良好的基础。

第三，关于筹备成立广播卫星股份公司及购买卫星问题。会议原则同意成立该公司，因为其有利于加强卫星通信宏观管理，有利于规范市场秩序、开拓新业务、避免发展中的盲目性，从而为国家节省大量资金。

为改变国内广播电视节目由几颗星分散传送，既不经济，又不便于管理的现状，同时，为保障广播电视事业发展需要，更大限度地满足广大用户的要求，在目前国内尚不具备能力的情况下，从国外引进、购买一颗大功率、大容量的卫星是可行的。邮电部出资购买卫星，卫星转发器均"归我所有""为我所用"，必须从政治、经济等诸多因素统筹考虑购买卫星问题。电信总局要抓紧时间，加强与有关部门的磋商与合作，做好购买卫星的前期准备工作。

1994年8月17日上午，吴基传部长主持召开第27次部长办公会，第三项议题就是关于同某部合作购买卫星的事宜。会议原则同意合作购买卫星，双方各出一半（9000万美元）资金。邮电部购买卫星的资金通过在境外融资或国内贷款方式筹措。双方按现代企业制度组建股份制合资公司，共同经营该卫星。

会议要求电信总局及财务司尽快与合作方洽谈并拟定立项报告，明确筹资方式。87.5度轨道位置应尽早利用。现有轨道位置可视情况灵活掌握、调整使用，要抓紧时间提前做好各方面工作，防止工作陷于被动。

卫星通信技术发展很快，竞争日趋激烈，要从战略高度认识和思考问题，做好与重要客户、广电部等大用户的合作；要抓紧做好广播卫星股份公司筹备工作。邮电部三定方案实施后，广播卫星公司的行政级别及对外名称均未变，但隶属关系发生变化，卫星公司要在电信总局领导下，按照新的运行机制积极开展工作。

邮电部副部长朱高峰、杨贤足、刘平源、林金泉出席会议，刘彩、栾正禧、杜肤生、吴安迪、郝为民、刘季芝、周寰、蒋少冰、张明德、王世宓列席会议本议题。

列席会议的郝为民想得很多，他在斯坦福大学接触、学习过一些卫星通信方面的理论、技术，也很想做卫星通信方面的课题研究，但考虑到卫星通信方面知识储备不够，加上访问研修时间又短，所以选了其他研修题目。他很钟情于卫星通信，眼前是很好的机会，可他转念一想，自己已经快到退休年龄了，心中有种壮志未酬的感觉。此时的郝为民，离退休还有一年零四个月时间，领导希望他退休后以非领导职务身份在电信总局继续工作几年。郝为民知道，留在电信总局，工作很舒适，责任也不大，主要是专业技术方面的工作。部长办公会后不久，邮电部人事部门和电信总局领导找郝为民谈话，拟由他牵头组建并领导广播卫星公司筹备组工作，征求他的意见。郝为民内心有些激动，他非常清楚筹备组意味着什么，他隐约感到了时代的召唤，他没有拒绝，他根本就不会拒绝。

郝为民注意到，即将成立的卫星股份公司，许多人似乎不看好，原因是卫星公司前途看不清、不可知；还有，卫星公司的风险比较大，一颗卫星打上去，几乎是公司的全部家当，一旦出现点儿闪失，岂不前功尽弃了。所以，没人主动要求去卫星公司。在这样的背景下，以电信总局副局长郝为民为首的筹备组开始了工作，此外，郝为民还要兼顾电信总局的工作。

到 20 世纪 90 年代中期，人类卫星通信发展经历了 5 个阶段。

第一阶段从 1945 年至 1964 年。英国一位海军科学家在《无线电》杂志发表《地球外的中继站》，详细描述了人造同步静止卫星如何用来通信。此后 20 年，苏联和美国先后发射人造地球卫星进行了通信试验。1963 年，美国发射同步卫星 Syncom-1 号，进行了 1964 年日本东京奥运会实况跨洋转播。国际卫星组织（Intelsat）成立，于 1965 年发射了人类第一颗商用同步卫星晨鸟号（Intelsat-1）用于国际通信。第二阶段从 1965 年至 1973 年。国际卫星组织的同步卫星提供全球商业服务，主要用于传送电话、传真和电视信号。第三阶段从 1974 年至 1982

年，通信卫星主要提供电话、电视和数据传输服务，并开始提供移动卫星服务，为陆地、空中和海上用户提供通信业务。第四阶段从 1983 年至 1990 年，通信卫星逐步应用到视频和音频压缩传输服务领域，VSAT 迅猛发展，广泛应用于公众电话和数据网、信息服务、银行、证券、民航、石油、海关、交通、教育、新闻、医疗和经贸等专业网。第五阶段，LEO\MEO 和混合式轨道卫星系统开始广泛应用，特别是 IP/ISP 技术、互联网技术，给传统卫星通信注入了新活力。非对称 Internet 接入业务、交互式卫星远程教学、远程医疗、双向卫星会议电视、电子商务以及寻呼卫星覆盖等业务已在实现过程中。

卫星通信代表一个国家的科技水平，是衡量其综合国力的重要标准。通信是战略产业，卫星通信又是这一战略产业的重要组成部分，争取太空轨道和频谱资源，有赖于卫星通信技术发展。

那么，1994 年的中国广播通信卫星格局是怎样呢？

20 世纪 70 年代，中国虽然加入了世界卫星组织，拥有了卫星通信手段，但没有自己的通信卫星，以及相应的运载火箭、地面设备。

20 世纪 80 年代，中国发射了"东方红二号甲系列"实用通信卫星，但传输容量很小，当时，"东方红三号"还没有研制成功。

到 20 世纪 90 年代中期，国内通信依然只有"东方红二号系列"产品，"东方红三号"还在研制之中，不能提供较大的转发器容量，不能满足日益增长的国内需求。更重要的是，在东经 87.5 度运行的一颗东方红二号甲已到寿命末期，即将退出运营。而按照国际卫星组织的规定，如果轨道资源长

通信卫星地球站

期空闲，该资源有可能被国际通信卫星组织收回。

20世纪90年代中期以后的卫星通信事业，迎来了一个十分重要的转折点。中国东方通信卫星有限责任公司就是在这样的大背景下孕育、成熟，应运而生的。

公司成立时事务繁杂，组织建设、人员安排、办公地址、工商登记等事务繁多，郝为民带领筹备组去主管单位、政府部门，协

中国东方通信卫星有限责任公司董事长
李昌安

调事务，与别人交流、联欢，求得理解、争取支持。1995年4月20日，公司注册成立，全称是"中国东方通信卫星有限责任公司"，由邮电部和国内重要用户共同出资设立。公司的经营范围是：卫星数据通信、VAST、卫星导航和卫星移动通信业务及相应的中央站，经营卫星及其零备件和与卫星有关的通信设备进出口业务；国内卫星通信及广播网有关设备的设计、制造、销售、安装、维修、技术咨询项目承包；境内、境外通信系统投资、经营和技术咨询；卫星通信及广播新技术的研究开发。

中国东方通信卫星有限责任公司（以下简称东方通信卫星公司）的出资方之一——邮电部，任命郝为民担任公司副董事长、总经理。担任董事长的是中国保利集团党组书记、常务副董事长李昌安。1978年4月至1983年1月，他任第七机械工业部副部长，1985年6月担任山东省省长，1987年任国务院副秘书长。他是中共第十一届中央候补委员，第十二届中央委员，是位政治经验、管理经验非常丰富的领导人。

做卫星通信大国

　　20 世纪 90 年代中期，由于邮电部实施了跨越式发展的正确方针，电信业进入大发展阶段。邮电部门利用党和国家给予的优惠政策，走出了一条与以往截然不同的开放式发展道路，发展资金主要来自国内外融资。电信部门主要通过引进国外先进设备，促进行业发展，使国内电信业迅速赶上国际先进水平。东方通信卫星公司成立伊始，邮电部和保利集团明确表示，双方合资购买国外高通量通信卫星，在高起点上发展中国的卫星广播通信事业。

　　1995 年年初，东方通信卫星公司正式成立之前，与美国洛克希德·马丁集团旗下的子公司——空间系统公司的技术商务谈判就开始了。洛克希德·马丁公司，全称洛克希德·马丁空间系统公司（Lockheed Martin Space Systems Corporation，LMT），前身是洛克希德公司，创建于 1912 年，1995 年与马丁·玛丽埃塔公司合并。这是一家世界一流的通信卫星研发制造公司。

　　谈判在北京长城饭店进行。技术谈判进展得很顺利，中国渴望得到美国最先进的通信卫星，洛克希德·马丁公司渴望开拓中国市场，谈判很快进入了卫星技术指标及其硬件配置谈判阶段。洛克希德·马丁公司的通信卫星技术在全球遥遥领先，美国人很自信。然而，进入商务谈判后，进展慢了下来。郝为民对洛克希德·马丁公司的代表说："我们从 1994 年 9 月开始谈判，用了 4 个月谈技术方案。根据实际情况，我们已对采购卫星的技术响应指标做了降低和取消。为了体现合作诚意，中方在付款条件上做了让步，希望贵公司在卫星价格上也做一些让步。"洛克希德·马丁集团空间系统商业公司总经理麦格福耸耸肩，很自信地对郝为民说："A2100 是公司研发出的最新系统，我们投入了大量的研究经费，采用了最新的技术装备，刚刚投入市场，所以不能降价，不能再让步了。"郝为民开诚布公地说："关于卫星系统的价格，我们有亚星作为参照，通信卫星的国际市场价格我们也非常清楚。A2100 是新产品，技术先进，但风险也大，如果合作成功，将对贵公司进入中国市场影响巨大，希望认真考虑我们的意见。"谈判僵持了，不得不中断。

吴基传部长非常关心谈判进展，打来电话询问。邮电部计划司、财务司领导多次帮助郝为民分析、研究应对策略。

1995 年 8 月 18 日，东方通信卫星公司和美国洛克希德·马丁公司在人民大会堂签署购买卫星及测控系统合同，前排为东方通信卫星公司总经理郝为民和美国洛克希德·马丁公司空间系统商业公司总经理麦格福先生

郝为民与董事长李昌安及公司团队研究后，实施了一项新措施。8月9日，美国另一家通信卫星制造商——罗拉空间系统公司开始与东方通信卫星公司接触、交流，很快就开始了技术和商务谈判，明确了技术方案、报价和有关商务文本，甚至签订了意向书，进展神速，有些出人意料。郝为民一边与罗拉公司认真地谈，一边密切关注着洛克希德·马丁公司的一举一动。正当郝为民与罗拉公司谈判时，洛克希德·马丁公司从美国发来传真，希望迅速恢复谈判，郝为民面前出现了曙光，吴基传部长悬着的心终于放下。8月11日，双方达成共识，8月13日，洛克希德·马丁公司正式回复，A2100系统报价比最初报价有了很大幅度的下降，双方合作的最后障碍消除了。

1995年8月18日，人民大会堂三楼大厅灯火通明、乐声悠扬，东方通信卫星公司与美国洛克希德·马丁公司的"'中卫-1号'通信卫星及测控系统合同签约仪式"在这里举行。合同包括购买一颗A2100卫星和相应的测控系统。A2100卫星是具有20世纪90年代国际先进水平的大功率、大容量通信卫星，有24个等效36MHz带宽的C波段转发器，24个等效36MHz带宽的Ku波段转发器。卫星将于1997年以后，利用中国制造的长征三号乙型运载火箭，在西昌卫星发射中心升空，定点在东经87.5度轨位，卫星预计在轨寿命15年以上，覆盖中国以及南亚、西亚广大地区。东方通信卫星公司副总胡鲁历主持了签字仪式，郝为民和洛克希德·马丁集团空间系统商业公司总经理麦格福先生在主合同上签字，胡鲁历在仪式结束后，签了一下午的分合同，累得手指酸疼。

吴基传部长会见出席人民大会堂签约仪式的美国
洛克希德·马丁公司董事长特勒普先生

签字仪式隆重而热烈。在大会堂璀璨的灯光下，美国洛克希德·马丁公司董事长特勒普，邮电部部长吴基传、副部长周德强，电信总局局长张立贵，东方通信卫星公司董事长李昌安、总经理郝为民脸上泛着红光，举起的香槟酒泛出斑驳之光，觥筹交错、互致祝贺，人人神采奕奕。特勒普如释重负，终于拿下中国第一单，潜力巨大的中国将推动公司快速成长。吴基传部长踌躇满志，他麾下的中国电信业每天都在创造着发展奇迹，中国要成为固定电信大国，也要成为卫星通信大国，也要在太空占据位置。而郝为民想的是，这仅仅是开始，仅仅是第一步，未来的路还很长，可能还会很艰难……

合同签署以后，在通向合同目标之路上，郝为民他们的脚步更加匆忙。

1996年3月，郝为民率队前往美国，与洛克希德·马丁公司"中卫–1号"项目经理James Manchas先生，参加在洛克希德·马丁公司召开的第二次季管会（项目季度管理会）和首次高管会（高级管理人员会议）。James Manchas通报了"中卫–1号"的制造情况，郝为民一行视察了洛克希德·马丁公司卫星主结构生产车间。顾问公司向郝为民一行汇报了"中卫–1号"卫星生产情况。

同月，东方通信卫星公司董事长李昌安访问洛克希德·马丁公司，与董事长特勒普会谈，视察卫星生产情况。

1996年4月，东方通信

1996年3月，郝为民率团赴美国洛克希德·马丁公司举行"中卫–1号"第二次季管会和首次高管会

卫星公司、中国运载火箭研究院和国防科工委代表，赴美洛克希德·马丁公司参加"中卫–1号"第三次星箭技术接口协调会。

1997 年 1 月，"中卫 –1 号"星箭对接试验在洛克希德·马丁公司获得成功，东方通信卫星公司监造代表参与了对接试验。

1997 年 4 月，郝为民率队前往美国洛克希德·马丁公司商业卫星制造中心，检查"中卫 –1 号"卫星的测控系统设备，在洛克希德·马丁公司西部厂区举行会谈，到东部厂区卫星制造车间检查。顾问公司通报"中卫 –1 号"卫星生产情况。

1997 年，郝为民与邮电部财务司吴安迪、电信总局倪翼峰在美国肯尼迪航天中心观看 A2100 卫星发射

1997 年 7 月，郝为民和邮电部财务司司长吴安迪、电信总局副局长倪翼丰、公司副总工程师姚发海赴美国洛克希德·马丁公司，与公司高管会谈后，应洛克希德·马丁公司邀请，前往肯尼迪航天中心（Kennedy Space Center，KSC），参观美国 GE 公司的一颗 A2100 系列卫星的发射。KSC 位于美国东部，是美国国家航空航天局（NASA）进行载人与不载人航天器测试、准备和实施发射的最重要场所。这天，卡纳维拉尔角上空湛蓝湛蓝的，只有天际线上有片片白云，微风拂

面，是非常好的发射天气。郝为民仰望着发射场铁灰色的巨大发射塔架，看着宇宙神火箭矫健的身姿，白色整流罩内装载着 A2100 系列卫星。他想到的却是"中卫 –1 号"何时能出厂？何时能运抵中国？何时能发射升空？何时能为国家创造财富？

1998 年 2 月，郝为民率团前往美国洛克希德·马丁公司，合同双方对"中卫 –1 号"卫星美国装运前准备工作进行全面评审。

两个创建性决定

郝为民当年手下的得力干才，时任东方通信卫星公司总工程师姚发海回忆"中卫－1号"卫星发射前后的往事时说："我认为郝总当时有两个方面的创见，一个是派人到美国洛克希德·马丁公司驻厂监造，以驻厂代表、首席代表身份参与制造过程，合同签约后，公司先后派了十几人去洛克希德·马丁公司现场监造，我是第一批被派去监造的。洛克希德·马丁公司还成立了'中卫－1号'项目办公室，我们的驻厂监造人员和他们的人员一起上下班、一起办公，他们下生产线，我们也下生产线，他们开会我们也跟着开会，一起讨论问题，完全掌握'中卫－1号'的制造、测试全过程。"

"郝总的另一个创见性工作是，决定在美国找一家顾问公司，为东方通信卫星公司提供购买卫星咨询服务，目的是规避美国的出口限制。根据美国法规，出口商品凡标为红色数据的，非美国籍人士不能看，这对中国引进和消化吸收国外先进技术、培养人才极为不利。通信卫星属高科技产品，项目涉及很多尖端技术领域，红色数据很多，涉及卫星测控类、材料类、结构类、电器高强度性能类等方面，这些数据洛克希德·马丁公司不提供，中国人看不到。洛克希德·马丁公司的董事长特勒普提出解决方案，请一家美国公司为东方通信卫星公司的卫星采购提供咨询服务。郝为民经过反复比较论证，觉得美国人说得对，就在美国聘请了 GORCA 公司作咨询顾问。这是一家本地顾问公司，雇员是洛克希德·马丁公司或其他宇航公司的退休人员、政府组织退休人员，还有当年登月的宇航员，他们都是美国籍人士，可以看到卫星生产全过程和所有数据。咨询公司不但能看到完整数据，还能通过合理的方式将其传递给中方。顾问公司还能帮公司查看所有的流程，协调工作做得比较到位，美国人比较守规矩，合同规定的条款都会不折不扣地执行。中国东方通信卫星公司不能参加的会议，顾问公司都能参加，他们能站在东方通信卫星公司的立场上，分析问题、提出建议、提出整改措施。东方通信卫星公司也从顾问公司那里学到了以前不懂的东西，为后来开展卫星咨询业务打下了基础。"

　　洛克希德·马丁公司是美国最大的军工企业之一，其麾下的制造通信卫星基地在美国新泽西州东温沙市。"中卫 –1 号"从 1995 年 8 月开始制造到 1998 年 3 月出厂，经历 2 年零 7 个月时间。A2100 系列是洛克希德·马丁公司最先进的系统，东方通信卫星公司之所以选择 A2100 的 A 型产品，主要基于以下几点考虑：第一是卫星的整星功率大。这是指卫星通过太阳帆板从太阳那里获得的最大功率，包括两个概念，一个是寿命开始的功率，一个是寿命末期的功率，是衡量卫星整体功率的重要指标。"中卫 –1 号"卫星的寿命初期总功率为 8394W，寿命末期总功率为 6797W。卫星功率主要输送给两个部分，一是卫星管控平台，主要用于卫星自控系统的电力消耗，二是卫星转发器的消耗，占总功耗的一半以上。第二是卫星的转发器数量和传输带宽，转发器越多、带宽越大，卫星的通信容量就越大。A2100 系列卫星的通信容量远远超过其他型号的通信卫星。第三是通信卫星的在轨寿命，也就是卫星能够在轨正常工作的年限。A2100 系列卫星采用了世界上独一无二的推进技术，能够保证卫星在轨运行时间超过其他型号的卫星。

卫星在轨正常运行的前提是卫星定点准确、姿态正确。卫星姿态调整有两种方式，一种是助推火箭推进器，需要燃料和氧化剂，混合后燃烧产生推力调整卫星轨位和姿态。一种是电弧推进器，通过电能给燃料加高压，让燃料喷射出来，所以不需要混合燃烧推进，从而减轻了卫星重量。卫星寿命主要取决于两个方面，一个是卫星携带的燃料，其可

1997 年，星箭对接试验在美国洛克希德·马丁公司进行

以被预估。另一个是星上电子设备寿命，电子设备寿命一般都是加长的，例如，燃料寿命是 15 年，电子设备寿命是其 1.5 倍，最差的也有 1.2 倍。

在"中卫 –1 号"制造、监造的同时，郝为民和他的同事马不停蹄地进行着相关工作。1996 年 5 月，北京市政府正式下达京政〔1996〕041 号文件，同意中国东方通信卫星公司测控站建设征用海淀区东北旺乡西北旺村土地。1996 年 8 月 28 日，中国东方通信卫星公司卫星测控站土建工程奠基典礼举行，吴基传部长挥锹奠基。北京邮电设计院承担设计工作，保利房地产开发与工程建筑公司施工。

1996 年 8 月 28 日，郝为民主持东方通信卫星公司卫星测控站
土建工程奠基仪式

1998 年 5 月，测控站与升上太空的"中卫 –1 号"一道投入使用。

东方通信卫星公司的"中卫 –1 号"发射，采取与原来不同的商业模式，东方通信卫星公司实行发射总承包，火箭研究院、长城公

司分包，东方通信卫星公司成为责任主体，这样便于掌控，关系明了、节省费用，但这种模式也存在缺点，即主体责任非常大。当时也有责任小的选择，但东方通信卫星公司选择了这条道路，郝为民发挥了重大作用，事实证明，他的选择是正确的。

1997 年 5 月 8 日，东方通信卫星公司与原国防科工委签订"中卫 -1 号"卫星发射服务合同。

洛克希德·马丁公司首席执行官考夫曼向郝为民介绍"中卫 -1 号"的生产情况

1997 年 2 月，东方通信卫星公司党委正式成立。

1997 年 6 月，东方通信卫星公司与中国运载火箭研究院签订"长三乙"火箭购箭合同。

1998 年 3 月，东方通信卫星公司全面推行现代化用人机制，全员劳动合同制签约，以后又完成了"双定双聘"签约。

距离"中卫 -1 号"发射升空的日子越来越近了。

在风险中决策

1998 年 3 月，"中卫 -1 号"从美国东海岸启运中国上海，东方通信卫星公司国际业务部经理杨涛到上海虹桥口岸办理清关手续，1998 年 3 月 27 日，卫星由安 -124 飞机运抵西昌卫星发射中心，卫星发射前的地面测试开始了。

1998 年 5 月，东方通信卫星公司完成了全部保单签约，主保是中国人保公司，国际分保经纪人公司是英国 Marsh 公司，取得了当时长征火箭国际分保的最低保费。为了这个合同，郝为民和长城公司联合组成团队到英国伦敦路演，详细介绍长征火箭的发展历史、发射成绩，介绍洛克希德·马丁公司保障卫星质量的制度和手段。郝为民会上慷慨演讲，会下深入交流，取得了国际承保人的信任。

这颗美国产的通信卫星由中国长征系列火箭发射。具体选择什么型号的火箭，面临三个选择，一是长三甲火箭，相对比较便宜。二是长三乙火箭，是新研制的火箭，曾在 1996 年 2 月 15 日发射失败过，但航天工业总公司认为他们做的归零比较好。归零即把问题全部了解、全都解决，实现从 N 个问题到零个问题的飞跃。长三乙火箭最显著的特点是推力大，可将 5000 千克载荷轻松送入太空，这正是"中卫 -1 号"最需要的。三是长三丙火箭，研制出来后从未发射过。综合考虑，东方通信卫星公司决定选择长三乙火箭，这是一项有风险的决策。"中卫-1号"没有选择常规的同步转移轨道，即先将卫星打到近地点200千米，远地点36000千米的同步转移轨道，经过近地点和远地点的加速，卫星进入同步轨道。他们选择了洛克希德·马丁公司提出的超同步轨道方案。这个轨道近地点200千米，远地点85000千米，该轨道国内到现在都没有人打过，美国军方打过该轨道。超同步轨道的最大好处是节省卫星燃料，因为打得很远，卫星变轨时需要的动能就少。"中卫-1号"之所以能打到超同步轨道上，有两个重要原因：一是洛克希德·马丁公司的A2100卫星平台非常先进，卫星总重不到3000千克；二是长三乙火箭的运载能力是5000千克，快帆轻舟，才能将"中卫-1号"送入地球超同步轨道。

"中卫-1号"测试顺利进行，在完成了星箭对接并合罩（整流罩）时，意料之外的事情发生了。1998年4月，美国一颗与"中卫-1号"同型号的卫星出现了太阳帆板粘连，洛克希德·马丁公司来函要求把"中卫-1号"运回美国，处理后再运到中国。

基地立即召开了指挥部扩大会议，讨论这个问题。郝为民介绍了洛克希德·马丁公司总裁的来函，"中卫-1号"要修补，可能会影响发射。而此刻，"中卫-1号"已被安装在火箭整流罩中了，发射场的上千官兵已经连续奋战了两个多月，远望号测控船已在海上漂泊了两个多月，船上携带的给养是有限的，时间刻不容缓。

郝为民组织东方通信卫星公司领导班子反复研究了这个问题，征求了股东方的意见，认为在当今条件下，"中卫-1号"运回美国存在很大风险，而且修补周期很长，推迟发射、损失加大。研究结果是：通知洛克希德·马丁公司派员到中国处理"中卫-1号"问题。姚发海说，后来事态发展证明郝为民的决策是正确的。1998年5月19日，洛克希德·马丁公司来函，确定修补在5月23日上午进行。5月22日，洛克希德·马丁公司工程师来到西昌，一并来的还有几个公司的保安人员。

火箭制造方非常着急，火箭设计总师、奔月工程总师龙乐豪，副总师贺祖明，一院院长厉建忠带领火箭团队积极配合，东方通信卫星公司副总经理胡鲁历作为总联络员，协调火箭制造公司和洛克希德·马丁公司，美国人愿意承担卫星裸露的风险损失。这件事刚刚结束，发射保险主保方中国人保又提出了问题，国际分包经纪人是英国 Marsh 公司，他们坚持整流罩安装上去是正常程序，不允许拆下来，因为火箭状态改变了，不在保险范围内，所以他们不同意拆整流罩，否则不承担保险义务。洛克希德·马丁公司的保安人员在西昌发射现场的所有厂房

"中卫-1号"通信卫星发射前测试

穿梭巡逻，空气很凝重。郝为民、胡鲁历频繁地在发射场穿行，做了数不清的沟通协调工作。最后，保险公司默认了现状，不再与分保商协商，因为很难达成一致意见。

整流罩打开了，洛克希德·马丁公司小个子工程师钻进了火箭整流罩里，他身上挂满了工具，每件工具上都拴着绳子，他卸下了电池帆板的一个垫片，用小刀切削了一部分，再安装上去，原定修补一天的时间，实际不到 4 个小时就完成了火箭上的 8 个步骤及火箭下的 12 个步骤，彻底解决了问题。郝为民他们还没来得及放松一下，卫星又出现了新问题。在最后的垂直测试时，测试工程师发现卫星上的一个电源模块（BD2）坏了，这是很关键的部件，每年"星蚀"期间都要用到这个部件，"中卫-1号"虽然有 8 个备份，

但按照规定，如果卫星不是已处于发射状态，该问题是一定要被解决的。而此刻的"中卫–1号"已经"箭在弦上"。

郝为民当时在现场召开会议研究后做出决策："如果更换BD2，就要推迟发射，但我们不能影响发射，不能推迟发射！"这个决策带有一定的风险性。至此，"中卫–1号"卫星终于达到发射状态。卫星开始执行第四次总检查，25日整流罩重新安装完毕。

27日，火箭燃料加注开始。火箭燃料大体分两种，一种是常温燃料，另一种是低温燃料。低温燃料注入箭体后需要保持温度，对环境要求比较高。常温燃料对环境要求相对较低。发射"中卫–1号"的长三乙火箭的第一、二级火箭加注的是常温燃料，第三级火箭加注的是低温燃料。

长三乙火箭，昂首苍穹，只待一声号令，就将直冲云天，直上九霄！

直上云霄

西昌卫星发射中心，主要承担地球同步轨道卫星，通信、广播、气象卫星等试验发射和应用发射任务，是中国目前对外开放的规模最大、设备技术最先进、承揽卫星发射任务最多、具备发射多型号卫星能力的新型航天器发射场。

西昌卫星发射中心，位于四川省凉山彝族自治州冕宁县，相对于国内其他发射场，这里纬度低、海拔高、云雾少、无污染，空气透明度高，具有得天独厚的发射场条件。西昌的峡谷地形好，地质结构坚实，有利于发射场总体布局。西昌的晴好天气多，"发射窗口"好，且年日照多达 320 天，几乎没有雾天。

此刻，"中卫-1号"静静地安放在长三乙顶端的整流罩之中，发射场空气很紧张，最后还要看天气，主要是风和雷电的因素，发射指挥部已经开了几次会议，听取气象部门的汇报，以做出能不能发射的决策，因为火箭刚起飞时速度比较慢，风大容易将其吹得偏离轨道。可 5 月 30 日这天上午，西昌发射场始终下着小雨，指挥部听取气象单位的汇报，根据对气象趋势的研判，将发射时间定在18:00 至 18:30，时间越来越接近发射时间了，可雨依然在下，没有停歇的意思。坐在指挥台上的基地司令员唐贤明，航天工业总公司总经理刘纪原，国防科工委副主任沈荣骏，解放军总装备部部长曹刚川、部长助理李安东，东方通信卫星公司董事长李昌安、总经理郝为民一脸凝重，一脸焦虑。

发射组组长向领导报告，据气象部门汇报，有一片带电云层向基地飘来，唐司令很生气，沈主任当即下达中止发射程序的命令，密切观察云层方向。十几分钟后，气象部门报告，带电云层在距离发射场上空约 5 千米时改变方向，气象条件基本符合火箭发射标准。调度室里传来指挥中心的指令："各号位注意，30 分钟准备！"

随着指令，各个设备仪器前的操作手一阵迅速、准确、干净的动作。设备仪器即刻调整在相应程序的位置上。

"1 分钟准备！"

声音有些激动，所有操作手的中枢神经一下子被刺激到了顶点。

时针刚好指向了 18:00 整。唐贤明司令员与大家交换一下眼色，下达了发射命令。

紧接着，一声比一声高昂的发射倒计时声音响彻发射场：

"10、9、8、7、6、5、4、3、2、1，点火！"

此时的发射场一片静谧，所有人员都撤退到了发射场的山体里，远方矗立的白色长三乙箭体上，中国国旗熠熠闪光，昂首向天。

随着"点火"指令的下达，一级火箭的发动机顿时喷出了深红色的火焰，犹如一条巨龙激越地翻腾着，发出惊天动地的"隆隆"声，那火焰越来越大，

1998 年 5 月 30 日 18 时，长三乙火箭在西昌卫星发射中心将"中卫－1 号"送入太空

终于形成了火山喷发一般的巨大气流，将导流槽中的水冲出三四百米远。这美景在西昌的傍晚尤其瑰丽而壮观。

载着"中卫－1号"卫星的长三乙火箭，在大地被震撼得微微发抖的轰鸣声中徐徐升起，隆隆声越来越小，十几秒后，火箭按照预定程序转弯，朝着东南方向飞去。它越飞越快、越飞越快，火箭尾部的火焰也越来越小，转瞬间，那火箭变成了一个小白点，犹如一颗璀璨的明星，渐渐消失在阴沉的天空之中。

坐在指挥室里的郝为民和各位领导，根本听不到外面的声音，只能看到长三乙火箭尾部喷出的火焰几乎照亮了周围的群山，一片火光！他们都感到大地在颤动。火箭离地后，大约十几秒就看不见了，天气好时可以看几十秒时间。郝为民和指挥室里的领导举起了香槟，横幅也挂了出来：庆祝"中卫－1号"发射成功。这是郝为民继签订"中卫－1号"卫星采购合同后，再次举起胜利的香槟的一天。

天佑中华，天佑东方，1478秒后，"中卫－1号"进入超同步轨道，发射成功！

《人民邮电》报头版头条新闻《中国又一颗大容量通信卫星升空——"中卫－1号"卫星发射成功》：1998年5月30日下午，西昌天空阴沉沉的，不时下着小雨，傍晚时突然转晴，18点整，运载"中卫－1号"卫星的长三乙火箭点火、发射，喷射着橘黄色烈焰腾空而起，穿云破雾直向东南方向飞去。天空传来巨大的轰鸣声，大地在微微地颤动。基地指挥控制中心不断地传出指令：助推器分离，一、二级分离，三级二次点火……1 478秒，星箭分离。18点30分，控制中心指挥员宣布，"中卫－1号"卫星准确进入轨道，发射圆满成功！大厅里顿时爆发出热烈的掌声，祝贺卫星发射成功。

中国东方通信卫星公司总经理郝为民介绍道，公司于1995年8月与洛克希德·马丁公司签订购星合同，并分别与中国火箭技术研究院、中国卫星发射测控系统部、中国财产保险有限责任公司签订了发射服务和保险合同。长三乙火箭是目前长征系列火箭中推力最大的运载火箭，可将5000千克有效载荷送入地球同步轨道，具有双星或多星发射能力。此次是长三乙的第四次发射，卫星将在发射后7到10天内，由洛克希德·马丁公司操作控制，定点在东经87.5度，此后移交给东方通信卫星公司测控站控制。

"中卫—1号"发射成功后，在西昌卫星发射中心的东方通信卫星公司领导举杯庆祝

此刻，在北京中国东方通信卫星公司卫星测控中心，在一间会议室里，西昌发射现场的信号通过光缆传送到大屏幕上，关注中国通信卫星事业的领导和测控中心人员在这里收看西昌的卫星发射实况。李娟、杨学猛、栗欣、赵悦等一大群测控人员聚集在这里，心情无比激动、目不转睛地盯着蓄势待发的长三乙火箭。他们在心中祈祷：千万千万发射成功，只有成功了，我们的准备工作才有意义，否则前功尽弃。杨旭当时也在现场，他在卫星升空的第二年担任了测控站的副站长，主要负责卫星测试技术、地面设备谈判。他回忆说："那天，公司请在京的领导来测控站观看卫星发射实况，从卫星发射现场传来了画面还有调度发布命令的声音，会场挂着横幅，上面写着'中卫公司中卫–1号卫星发射收视现场'，我们激动的心情无法用语言来形容，火箭升空后，我们的心也跟去了。发射成功

了，海淀区东北旺乡给我们送来了一个大座钟。洛克希德·马丁公司的工程师也在北京观看发射实况，他们经常看发射，早已司空见惯，但看完'中卫–1号'的发射实况后夸赞说很精彩、很完美。"

发射成功，喜讯传来，一片欢腾，人群中有中国工程院副院长朱高峰。

从此，地球的东方太空，升起了一颗新星！

第十章

星光灿烂

当年，中国东方通信卫星公司副总经理胡鲁历说："'中卫-1号'的发射和东方通信卫星公司的成立，对中国卫星通信行业具有里程碑意义。1994年7月，联通成立，东方通信卫星公司1994年年初就开始筹建，郝为民来东方通信卫星公司工作难度显而易见。首先是卫星采购，事关中美在高科技领域首次合作，风险很大。其次是郝为民到东方通信卫星公司任职后，正是中国航天事业的低谷，从1970年到1998年发射50次，成功率为88%。1996年发射了3次，2次失败，其中就有发射'中卫-1号'的长三乙火箭。第三是我国空间资源十分紧张，如果再没有卫星上天，就要全部租用外国卫星。东二甲原来使用的东经87.5度快要到寿命末期了，如果'中卫-1号'发射失败，轨道资源就保不住了，而且对卫星发射保险也会造成影响。卫星发射实行国际分保（卫星保费占总资本近20%），不管你出多高的费率，保险公司不承保了，卫星通信事业将难以为继。郝为民1996年正式退休，本可以轻松一些了，但却坐到了中国东方通信卫星公司副董事长、总经理这个位置，这可绝不轻松，他需要迎难而上，需要负重前行，需要决心和勇气。当时没人愿意来东方通信卫星公司，而郝为民把自身利益置之度外。"

1998年6月初，"中卫-1号"完成了变轨和调姿，准确地定位在东经87.5度的赤道上空，在36000千米的高度俯瞰中国、东南亚、西亚的大地。北京测控站几面巨型天馈线昂首苍天，时刻与"中卫-1号"天地对话。

郝为民和领导班子成员及卫星测控站的年轻人说："我们公司80%的资产在天上，我们看不见、听不见，更摸不到。星荣我荣，星损我损。"

63岁的郝为民，要将中国东方通信卫星公司带向何方？

笃行者

我 2019 年到中国卫通集团卫星测控中心采访，看到了"中卫 –1 号" 卫星 C 频段和 Ku 频段的 EIRP（Equivalent Isotropic Radiated Power，等效全向辐射功率）覆盖示意图，以武汉为中心，向东、西、南、北 4 个方向展开，图中的封闭曲线表示地面站接受卫星信号的强度变化，数值越大，信号强度越高。中心最强的曲线涵盖了整个中国以及蒙古国、哈萨克斯坦、吉尔吉斯斯坦、乌兹别克斯坦、塔吉克斯坦、土库曼斯坦、阿富汗、巴基斯坦、尼泊尔、印度、不丹、孟加拉国、越南、老挝、柬埔寨、泰国、缅甸、马来西亚、新加坡、印度尼西亚、文莱、菲律宾、东帝汶、日本、朝鲜以及俄罗斯远东滨海地区。最外围的曲线覆盖范围更大，北至俄罗斯地处亚洲的大片区域，南至澳大利亚，西至东欧，东至太平洋区域，几乎是全球三分之一的面积。

"中卫 –1 号" 卫星 Ku 频段 EIRP 覆盖图中，信号强度最高的是中国华东、华北地区，其次是华中、华南地区，而 Ku 频段的信号弱覆盖区域则与 C 频段基本相同。

这两张图是当年郝为民和中国东方通信卫星公司的战略版图，不知道他们那时怎样凝神俯视着东半球这片充满生机与活力的大地，开始了中国卫星通信人的拓荒之旅！

1995 年，令人瞩目的由政府创办的中国东方通信卫星公司在北京成立，在做了多年电信总局副局长和总工程师后，郝为民在 1995 年成为中国东方通信卫星公司的总经理。将在 12 月跨入 63 岁的总经理郝为民，承认他面临着激烈的竞争。好在最大的投资者也是最大的用户中国电信——已租用了 "中卫 –1 号" 近一半的资源。

1998 年 11 月，郝为民在韩国首尔举行的两年一次的亚太卫星通信研讨会上，接受了美国《空间周刊》记者 Steven Walkins 的采访，就中国卫星通信服务市场的商业前景发表了自己的观点。

问：如果你准备在 "中卫 –1 号" 之后继续发射卫星，你是否会再次到美国购买？

中国东方通信卫星公司卫星测控站

答：投资时，我希望尽快得到预期的产品。如果某些产品会招致政治问题，我必须考虑将来可能发生的事情。

问："中卫 –1 号" 的业务情况如何？

答："中卫 –1 号" 的前景很好。到 1998 年 10 月 1 日，我们已售出了近 50% 的卫星资源，主要用于国内电话业务。这颗卫星还用于 VSAT 网、专用网，其他部委和政府部门以及临时性的国内广播服务。

问：你是否有一个阶段性的销售目标？

答：我们希望在投入运营一年内，也就是到 1999 年 6 月止，出租 80% 的资源。

问：你的市场策略是什么？除了中国电信之外，谁是你们的潜在客户？

答：我在寻找其他用户，只要用户有权建立卫星网并得到中国政府的许可，我们将很高兴地向他们提供服务。

问：你对非中国的用户有何想法？

答：如果非中国的用户想租用我们的卫星资源，我们表示欢迎。他们可以利用我们的卫星在他们的国家建立自己的网络。

问：亚洲其他国家存在卫星资源过剩问题，导致在轨卫星闲置，转发器价格下跌。你是否遇到了类似问题？

答：这个问题在中国并不是那么严重。当然在价格方面存在一定压力，但我认为价格过低并不是好现象，因为有一个成本回收问题。如果你的价格低于你的最初投资，我不认为这是一项好的商业决策。

问：你是否担心中国卫星资源过剩的问题？

答：中国的电话网容量是美国的一半。我们的蜂窝电话网在世界排名第三位，但我们的卫星资源总量还很小。我们的商业卫星资源只有美国的十分之一左右。这意味着我们还有发展的空间。

问：你怎样看待你的价格和一个有竞争力的商业卫星经营者的价格？

答：我们的价格是由政府决定的，但我们有一定的价格调整范围。如果我们超过了这个范围，我们必须得到政府的许可。我认为我们的价格应与竞争者的价格持平或略低于他们。但这个问题有时候很敏感。他们不愿意把价格告诉我们。但我想我们的价格是有竞争力的。

问：你们的卫星在得到美国政府的许可方面没有遇到问题，但其他中国公司遇到了麻烦。例如，亚太移动通信公司难以得到出口许可。出口问题会影响中国公司将来从美国购买卫星吗？

答：我不熟悉亚太移动通信公司的具体情况，因此，我不便评论。中国公司从美国公司购买卫星对双方都是有利的，美国的卫星制造商因而可以在世界范围内获得更大的市场份额，为美国创造更多的就业机会。

郝为民的回答睿智、全面、准确，让世界看到了中国通信卫星产业以及从业者的水平。

东方通信卫星公司总会计师李洪明与郝为民在一个班子里共事近9年，他这样评价郝为民："对行业发展坚定不移，敬业、钻研、负责，平易近人，没有架子。"另一位班子成员胡鲁历的评价是："学者型领导，一员儒将，热爱行业、全心投入、敢于担责，这一点我特别敬佩。当年东方通信卫星公司面临的困难千头万绪，郝为民一件一件协调，一个一个化解，推动东方通信卫星公司的管理逐步走上正规化。"

公司草创，首要一件事是招兵买马，但用谁不用谁矛盾很多。如何解决这些问题，郝为民颇费了一番心思。

社会招聘和学校毕业生选拔，公司制度在前，有例可循、有章可依。东方公司对莘莘学子的感召力很大，想来的人很多。到测控站的门槛很高，基本要求招北航、哈工大、北邮、国防科大的学生。郝为民责成有关部门制订了选人标准和操作流程，不论工作多忙，他都坚持对每个竞聘者面试，为选人把关，为东方公司选拔了英才，后来他们大多成了中国通信卫星行业的骨干力量。

东方公司运营之初，郝为民的主要精力在卫星谈判、卫星监造、地面基础设施建设、发射前准备、队伍建设等方面，工作千头万绪。当时，他与电信总局的工作没有完全脱钩，还要带北邮研究生，从1995年到1998年共带了3届学生。他上午在电信总局处理事情，下午到东方通信卫星公司工作，周末或者晚上给研究生上课。"中卫–1号"卫星发射后，郝为民的重点渐渐转到了经营管理上，股东也开始关注经营成果了。可"中卫–1号"发射后第一个月，公司就出现亏损，技术人员不理解，为什么发射后就亏损了。原来，发射前公司没有固定资产，还可以用采购卫星尾款进行临时周转，现在十多个亿的卫星打到天上，每年折旧费超过1亿元。在此情况下，郝为民召开公司全员大会，讲解了东方通信卫星公司的新形势、新任务，既要维护好卫星，又要持续经营下去，这是公司发展的不二选择。后来公司采取了一些方法，渡过了此难关。

摆在东方通信卫星公司面前的一个大问题是，邮电部（1994年）和中国保利集团，既是股东又是最大的用户，他们使用了卫星转发器，却没按时缴纳费用，导致公司出现经营困难，流动资金紧张。郝为民和班子研究后，多管齐下游说股东。郝为民去了邮电部电信总局，陈述公司困境和卫星投资者的权利义务，以及使用者的权利义务，股东和用户两者要分开，不能混为一谈。公司没有收入，就留不住人才，最后损失的还是股东和用户的利益。道理讲通了，但那时没有卫星转发器价格标准，没有价格怎么付费？郝为民和李洪明就找来国外转发器价格标准研究了一番，向股东双方提出了建议，最后呈报给信息产业部（1998年6月），部里意见：参照国际、国内的价格，低于国际的，高于国产卫星转发器价格。东方通信卫星公司与双方股东签订了租用转发器合同，到1999年年末，中国电信集团支付了第一笔租费，上亿元的资金到了东方通信卫星公司的账户。到郝为民离开东方通信卫星公司时，股东双方把所有的资源使用费基本都补齐了，公司有了十几亿元的资金流。

第一个危机过去了，第二个又来了。美国人怀疑"中卫–1号"最终用户变更，几次跑到中国，跑到东方公司测控室，到用户机房检查"中卫–1号"的最终用户情况。东方通信卫星公司的人就解释，我们是信守合同，我们绝对没有为非商业用户提供服务等，可美国人非要看用户数据。郝为民这时出面了："美国的飞机，你们让谁坐，谁就可以坐对吧？可中国飞机来了，对美国说，这个不能坐，那个不能坐，军人不能坐，美国人会同意吗？我们是卫星运营公司，是讲效

211

益的，谁出钱我们就为谁提供服务。这究竟有什么问题？"郝为民说服了美国人，要放眼未来，看得长远点儿，后来美国人再也没有提出类似的质疑。

与中国电信集团签订"中卫－1号"卫星转发器租赁协议

郝为民在公司经营上笃定前行，利用一切机会推介"中卫－1号"。1999年11月2日，在中国卫星通信广播电视用户协会主办，东方通信卫星公司协办的第四届卫星通信广播电视技术国际研讨会（China Satcom 99）上，郝为民做了题为《21世纪初期的电信发展及中国卫星通信事业》的主题发言，面对信息产业部、广电总局、科技部、交通部、联合国外层空间署、国际卫星组织、国际移动卫星组织、洛克希德·马丁公司、休斯公司、阿尔卡特公司、全球星公司的代表，他将中国东方通信卫星公司和"中卫－1号"展示给所有来宾，使研讨会成为一次高层次的营销会。

内蒙古鄂尔多斯电业局所属的达镇、沙圪都两个小站相对偏远，采用微波方式连接不划算。2001年9月，鄂尔多斯电业局租用东方公司Ku频段卫星电路，解决了数据传输和语音通信问题。鄂尔多斯电业局其他小站也有意使用卫星电路。为此，东方通信卫星公司派专人走访用户，进行详细的业务交流，了解卫星信号曾经受到干扰，传输时断时续。走访人员帮助他们解决地面设备杂散或交调、转发器反极化泄露等问题，回北京后继续进行观察和测试，排除了卫星问题，与地面设备供应商一起分析查找原因，帮助用户解决了问题。

2002 年，东方通信卫星公司与四川移动通信公司签订"应急通信工程 VSAT 设备技术服务合同"，总承包了利用卫星 VSAT 系统与应急移动通信系统联网工程，并通过"中卫 −1 号"通信卫星完成了移动基站与交换中心站之间达 2Mbit/s 的 Abis 接口连接，这种方式不仅具备技术新颖的特点，而且不受地理环境、传输距离限制，具有较高的可靠性和稳定性，最终圆满完成了"桃花节"大会通信保障任务，探索了卫星通信与移动通信相结合，扩大移动通信网络覆盖，解决边远地区、岛屿覆盖的新途径。

1999 年，东方通信卫星公司赴日内瓦参加"第八届世界电信展览会"，吴基传部长视察公司展览区

2000 年 6 月 16 日，中国东方通信卫星公司迁至建国门外大街华彬国际大厦，庆祝"中卫 −1 号"投入运营两周年。在庆祝活动开始前，东方通信卫星公司召开新闻发布会，郝为民回顾了 5 年来公司发展历程，以及"中卫 −1 号"的运营情况，回答了记者提出的中国卫星通信行业发展现状、存在问题和未来发展方向等问题。

李昌安董事长在庆祝会上致辞："我们以国内前所未有的方式,圆满完成了国家赋予的'中卫–1号'订购、发射以及卫星在轨保险、测控站建设等任务,实现了公司从建设期到经营期的过渡。'中卫–1号'卫星投入运营两年来,得到了广大用户的信任与厚爱,在全力保证国内需要的基础上,积极开拓国外市场,卫星转发器出租率已达到56%。'中卫–1号'的成功运营,为国内、外用户提供了高性能的空间段资源,为推进我国及亚太地区卫星通信事业的发展起到了重要作用。"

"通过两年的卫星运营,我们历练出一支有一定技术水平、能够独立完成各项操作任务的卫星测控队伍和经营队伍,卫星始终处于良好运行状态,已安全渡过4次星蚀、4次日凌及2次流星雨风险期,经受了重大太空环境的考验,圆满完成了1998年亚运会、1999年两会、福建莆田重大通信事故应急通信保障任务,为用户提供了高质量的通信服务。"

"中卫–1号"究竟为国家赚了多少钱?我几次努力都没有拿到数据,但当时的东方通信卫星公司总会计师李洪明肯定地告诉我:"这颗星国家绝对没有亏损,不到10年就收回了成本,以后就是净盈利了,卫星运行了20年,超期服役了整整5年,效益非常可观,引领作用更大,走出了一条发展通信卫星事业的新路子,东方通信卫星公司培养的人才遍及亚洲各地。我怀念东方时代,怀念郝总,更敬佩郝总的为人。"

拳拳报国情

1995 年，"中卫 –1 号"购星合同签约，北京测控站土建工程启动，东方通信卫星公司各项工作按计划推进的时候，中国的航天形势却不容乐观。当年中国长征系列火箭发射 3 次，2 次失利，失败率超过 50%。其中，1996 年 8 月 18 日，长三甲未能将"中星七号"卫星送入轨道。1990 年至 1996 年，中国累计航天发射 14 次，失利 6 次，失败率高达 42.85%。中国航天事业面临的严峻形势，使"中卫 –1 号"发射保险几乎陷入了困局。

公司领导班子成员，从左至右：李洪明、郝为民、胡鲁历、姚发海

火箭发射耗资巨大、风险巨大，按通用做法和惯例，必须购买航天保险。航天保险是指保险人对火箭和各种航天器在制造、发射和在轨运行中可能出现的各种风险造成的财产损失和人身伤亡给予保

险赔付的一种保险。航天项目保险又划分为制造阶段的保险、发射前保险、发射保险和卫星在轨寿命保险。"中卫−1 号"发射必须购买发射保险。但是,连续的发射失利,使国际保险市场对长征系列火箭反响很大,对中国航天保险颇为不利。当时主要存在两大问题:第一个问题是国际保险市场非正式表示对长三系列火箭信心不足。1996 年 8 月 27 日,中国人保就"中星七号"卫星发射失利,组织召开经纪人、客户会议,Marsh 公司(著名国际保险经纪人公司)的执行总裁 John Munro 先生就国际保险界的反应向与会者作了介绍。由于长征系列火箭进入国际市场的时间晚,与世界其他火箭相比,投保次数不多,国际保险承保人对长征系列火箭比较陌生,因此对其反应褒贬不一。APSTAR−2 和 OPTUSB2 失利后,国际保险市场已开始对长征系列火箭与国际卫星是否兼容表示怀疑。在为长三系列承保已进行的项目中,国际承保商可能会使用重大变更条款,包括:1. 在保单中增加除外责任;2. 增加客户保险费用;3. 在保单中增加除外责任又增加客户保险费用;4. 不再为客户承保该项目。

第二个问题是国际投保有障碍,国内保险业又能力不足。中国《保险法》规定:"我国境内保险公司的承保额不可超过其注册资本金的 10%。"据此项规定,1996 年中国境内所有保险公司总承保能力为 8.6 亿元人民币,而中保集团财产有限公司的注册资金只有 20 亿元,承保额最多 2 亿元,远不足以承保一颗通信卫星。

如果不拿下"中卫−1 号"的保单,卫星发射将难以为继,甚至止步,这就是郝为民面临的棘手问题!

在中国东方通信卫星公司的牵头下,火箭研究院、航天科技集团长城公司的领导和专家聚集在一起研究对策,决定成立以郝为民为首的海外路演团队,赴英国伦敦游说承保人。团队成员包括航天集团的运载火箭设计者、制造者,火箭发射基地的管理者,还有美国洛克希德・马丁公司的专家。他们按照保险经纪人公司的要求，准备了完整而翔实的分析报告，改进建议报告、中国航天事业发展历程报告，目的是让众多的承保人了解中国航天事业，了解长征系列火箭的优势，了解中国航天产业巨大的市场和光明的未来。1997 年，路演团队来到英国达信保险经纪有限公司，抵达即投入紧张的工作。郝为民代表"中卫－1 号"工程的总责任单位——东方通信卫星公司，面对经纪人公司和投保人，用流利的英语发表演讲。紧接着长城公司、火箭研究院有关人员也登台演讲。英国公司的人听得津津有味，中国航天事业只有短短 20 几年历史，进步速度却很快，未来，中国的航天产业、航天保险市场潜力巨大。他们对中国长征火箭的了解加深了，信心渐渐地恢复……

英国达信是世界领先的风险管理与保险咨询公司，全球拥有超过 24000 名员工，是 MMC 集团（Marsh & McLennan Companies）的子公司。达信为全球 100 多个国家的企业、公共实体、协会以及专业服务组织提供全球风险管理、风险咨询、保险经纪、融资及保险方案管理服务。

东方通信卫星公司的路演团队在大会上演讲，会下广泛交流，开展"民间外交"，冰释经纪人、承保人的疑虑。郝为民他们不知道熬了多少个通宵，更不知道接待了多少投保人的来访和咨询。眼前的阻碍渐渐散去，保险经纪人公司承诺去做工作、去争取，郝为民他们带着阶段性成果凯旋。以后，中国航天事业走出了低迷时期，1997 年、1998 年长征系列火箭发射成功率大幅度提高，长征火箭价值逐渐提升，国际航天保险市场对中国航天事业的看法也逐渐改变。终于 1998 年 5 月，在"中卫－1 号"即将发射的日子，英国达信保险经纪人有限公司与东方公司签下了所有保单，不再增加除外责任，不再增加保费，并且给予了相对优惠的费率。全额保险的"中卫－1 号"平安地飞入了太空，这一年，中国长三乙火箭的发射成功率达到了 90%。

郝为民将祖国航天事业的成就铭记于心，在未来的岁月，他以自己的绵薄之力，努力开拓祖国的航天国际市场，做得是那样倾情专注，那样矢志不渝，报国情怀是那样的深沉而恒久。

东方通信卫星公司成立之初，他的缔造者就考虑了卫星产业链，考虑了更加广阔的市场。中国的航天产业在迅猛发展，中国要跻身世界航天大国行列，东方公司要发挥自己的专长，为通信卫星产业链增值。在购买"中卫－1号"时，东方通信卫星公司聘请了美国的咨询公司，郝为民知道顾问公司的作用，从那时起，他就想着，中国东方通信卫星公司有一天也要成为卫星顾问公司。机会来了，郝为民获悉越南要通过国际招标采购通信卫星，便立即与长城公司组成了工作团队，于2000年1月3日到达河内，推销中国"东方红系列"卫星及火箭发射服务，由东方通信卫星公司提供整星全套中介服务。在越南邮电交通部，郝为民很自豪地介绍中国航天产品和服务：1996年10月26日至1999年11月，中国长征系列火箭发射17次，全部成功！

2000年7月，郝为民率团赴巴基斯坦开拓市场，签署转发器租赁协议后向巴方赠送"中卫－1号"卫星模型

1月5日双方会谈，越南认为东方公司比较年轻，他们想找经验丰富的公司，如加拿大的Telestar、泰国Shinawacha Thaicom或马来西亚MEASAT公司。越南

邮电总局提出了顾问公司合作五项原则：1. 技术先进，能够保持长期合作；2. 价格合理；3. 相互信任、遵守合同；4. 互惠互利；5. 协助培训人员，能够转让技术。

最终东方公司没有拿下越南项目，但是东方公司这支年轻的队伍经受了锻炼，见识了通信卫星国际市场激烈的竞争，储备了顾问公司应具备的知识。

2012 年，东方通信卫星公司参加了阿尔及利亚的通信卫星采购国际招标，争取成为项目的顾问公司。那时郝为民已离开东方公司，但被聘为项目专家。专家必须满足几个条件，一是要会外语，二是要懂通信卫星技术和管理，三是要有一定的威望和经验，最好来自第三方。火箭研究院找不到合适的人选，从事航天研究的身份不行，或外语不行，或身体不好，郝总是卫星专家的理想人选。从 2012 年到 2016 年，郝为民一直给东方卫星顾问公司当专家，先后参与了中星 6B、中星 9 号通信卫星的咨询顾问工作。

时任东方通信卫星公司总经理助理于勇带队去阿尔及利亚，招标采购竞争很激烈，主要有法国、亚太团队参与竞争，那时中国卫星还没有中标，如果他们想买法国卫星，中国还可以参与招标，但要是想买美国卫星，中国就没有资格参与了，因为美国人不允许中国人进入美国卫星工厂。庆幸的是阿尔及利亚意向采购价廉物美的中国卫星，与长城公司草签了协议，东方通信卫星公司首次海外中标！对阿尔及利亚提供整星出口服务，包括卫星出口、卫星发射、在轨运行，以及地面系统建设全程咨询服务，采用的全是中国的应用系统，中国的 VAST 小站。这一系列服务完全是由阿尔及利亚用外汇采购的，不是中国的经援资金。

在阿尔及利亚，中国卖出了第一颗通信卫星，这也是东方通信卫星公司独立竞标取得的第一单业务。当时郝为民任阿尔及利亚项目顾问，虽然已经 77 岁，但还是频繁地参与卫星制造节点管控工作，召开各种总结会、评审会，审文件、审合同。东方通信卫星公司在"战争中学习战争"，卫星顾问人才成长起来，在后来的中国卫通时期，购买法国卫星时，就没有请中介顾问公司，完全依靠自己的力量，顺利完成了项目。姚发海说："东方通信卫星公司后来的发展，以及阿尔及利亚项目的成功，基础是郝总在东方公司时打下的。"栗欣说："郝总教育我不论是学习、研究或工作，都要用心，不要简单应付了事。十几年过去了，我经常用郝总的话来教育我手下的年轻人。"

1999年5月31日，《人民日报》（海外版）第一版刊登了新华社、人民日报社记者专访郝为民的文章《加快发展我国卫星通信产业》，他告诉记者："由于我国通信卫星事业发展较慢，国外卫星纷纷来抢占中国市场，到1998年'中卫-1号'升空前，中国的轨道空间资源段大量被境外公司占领，90个在用转发器中外星占74%。1998年5月和7月，'中卫-1号'和'鑫诺'两颗卫星发射升空后，情况发生了可喜变化。现在，中国空间段100个转发器，中国卫星占有率达到56%以上，外国卫星占有率降到50%以下，这为保护和利用我国卫星轨道资源做出了重要贡献。'中卫-1号'有C频段和Ku频段各24个转发器，通信容量大，设计寿命15年以上。"由于利用长三乙火箭优势，将卫星送到高轨道，然后利用重力调整，节省燃料，卫星寿命可增加3年以上。谈及中国通信卫星未来，郝为民说，"人类社会即将进入21世纪，美国有2.5亿人，空间资源容量为25000MHz。中国有12.5亿人口，空间资源容量仅有3000MHz，每百万人口空间资源占用量是美国的几十分之一，差距很大。所以中国通信卫星产业市场潜力巨大。我们应该抓住机遇，迎接卫星通信发展新浪潮的挑战，争取在这一领域赶上世界先进水平。"

得英才而育之

2003 年 5 月 30 日，"中卫 −1 号"这颗东方升起的新星，寄托着东方人的勃勃雄心，已在太空度过了 5 个春秋。

当媒体争相报道、各界送来祝贺之声时，北京西北郊的东方通信卫星公司卫星测控中心的人员，心里却一派紧张，一张张计算机屏幕前的面孔泛着淡淡的蓝光，一双双专注的眼睛快速捕捉着屏幕上闪烁的字符，一支年轻的测控队伍担负起"中卫 −1 号"卫星在轨管理任务。

测控机房 1825 份日操作计划、3650 份值班日记、300 多份轨道操作程序、57000 多条指令 / 测距操作，60 余份分析报告，真实生动地记录着"中卫 −1 号"每时每刻的心跳与呼吸，也蕴含着测控工程师们付出的辛劳。

凌晨 2 点，宽大的机房很安静，显示器上的遥测数据变换着颜色，趋势图上的曲线不紧不慢地向前延伸……这是一次例

2002 年的郝为民

行的南北轨道机动，虽然每个步骤操作员再熟悉不过，但谁也不会有丝毫的懈怠，键盘和鼠标轻轻地移动，光标准确地跳跃，操作员与分析员简短确认对话，事件窗口数据时快时慢地翻动着，被画上一个个对勾，每一串指令会在发送前被仔细确认，每一个遥测的微小变化都会被观察和记录，即使再熟悉的操作指令，操作员都如履薄冰；即使再细微的变化，都会被洞察和记录，被分析、被讨论。

卫星发射一个月后，测控任务就移交给东方通信卫星公司测控站，中方人员承担日常维护工作，美方人员负责检查指导。年轻的测控人员不畏难、不畏苦，夜以继日地阅读大量资料，反复修改操作程序和指令文件，抓住一切时机向美方技术人员请教。两年间，美方支持人员由 6 人减为 2 人，再由 2 人减为 1 人，2000 年年底全部撤离，东方通信卫星公司测控人员开始自信地独立管理"中卫 -1 号"卫星。郝为民经常到机房走走看看，重大操作时在机房监督，卫星分析员常常为深夜操作在站里和衣而卧，毛手毛脚的小伙子坐在操作台前就像换了个人，年轻的测控队伍迅速成长。东方通信卫星公司"团结、开拓、敬业、高效"的精神价值在这里得到了最好的印证。

东方通信卫星公司总经理郝为民语重心长地告诫测控站的同志："天上运行的卫星，价值十几亿元，远超过公司地面资产的价值。巨额财产的安全和运行完全系于你们的指尖。"

为了把中国东方通信卫星公司创办成一所大学校，为了造就一支属于中国自己的卫星测控队伍，郝为民可谓呕心沥血，倾尽了全力！

现任中国卫通集团副总经理的姚发海，就是当年郝为民一手培养起来的技术骨干，他深有感触地说："我们的测控团队是零基础，没有一点儿管理卫星的经验，又是一帮年轻人。郝总在 1997 年安排我们去西安卫星测控中心学习，卫星测控每天做什么，每月做什么，每年做什么，从零开始学习。洛克希德·马丁公司开始提供在轨支持，美国人直接操作，我们在旁边看，后来我们做他们在旁边看着。我们做计划，美国人审核，这个过程大约持续了一年，后来我们基本上就独立测控了。郝总非常重视公司测控队伍建设，在政策制定和制度安排上，对测控专业实行倾斜，调动起公司的所有资源，为测控队伍成长创造条件。郝总很重视培养公司的人才，培训、监造、学习等活动，都尽量多安排，给年轻人创造开眼界、学本领的机会。他本人身体力行，从专业上、思想上给予测控人员以帮助。有的卫星公司实行卫星测控委托管理模式，运行了多年，很难形成自己的核心技术力量。郝总离开东方通信卫星公司后，公司经历了卫星集团重组，2001年成立了中国卫通集团公司，由中国通信广播卫星有限公司和东方通信卫星公司合并而成。2006年，航天科技集团重组了东方通信卫星公司和鑫诺公司，成立了中国直播卫星公司。2008年，根据国务院电信改革的部署，全国6个电信运营商重组为3个。中国直播卫星公司剥离了通信业务，成立中国卫通集团股份有限公司，隶属于中国航天科技集团。郝总当年打下的技术班底，直到现在依然是国内，甚至是亚洲最牛的。'中卫-1号'为公司创造了很大的利润，承担的业务也最多，在中国卫星通信事业的发展中发挥了关键作用。"

中国东方通信卫星公司全体员工

2019年5月，我来到中国卫通集团北京卫星测控站，见到了杨旭、李娟、杨学猛、栗欣、赵悦等一批测控骨干，他们满怀深情地回忆起在东方通信卫星公司那段难忘的时光，感念郝总当年对他们的传道、授业和解惑。

栗欣，1996年哈工大航天工程力学系毕业后即进入东方通信卫星公司。栗欣说："郝总是个和善、温和、儒雅的老人，水平高，学习能力强。工作特别勤奋，在国外名校研修、讲学，有专业水平，有国际视野，我非常敬佩和景仰这位老前辈。郝总很慈祥，从不发火、从不生气。大概是2001年的一天，测控站里有一个设备报警，是来自卫星太阳传感器逻辑标志

中国东方通信卫星公司卫星测控站机房

位的告警，这意味着遨游太空的卫星看到什么威胁自己安全的东西了。他究竟看到了什么？郝总赶到现场，让我们打开控制页面，仔细地查看了一会儿，发现有一个告警数值手册里没有，只要一次报警就触发，如果设置10次，则来10次才触发告警。再仔细一查，原来是前一班操作员为了测试，请示美国工程师后把触发数值由10改成了1，但忘记改回来，也没有通知下一班，所以产生告警。"郝总对测控人员说："外国人写的手册也不能全信，我们要自信，掌握基本功，有自己的判断。"

栗欣继续回忆："2002年，郝总带我去韩国KT交流，闲暇时他问我转发器的事情，教我怎么计算转发器等效容量，还给我出了一道题，韩国卫星每个转发器的收益是多少？再与我们的卫星收益进行比较。郝总鼓励我，学航天的还要学

卫星运营，多开一扇窗，就会有更宽的视野。他自己原本是学有线的，后来自学了微波，再后来学光缆和卫星，开始很吃力，掌握了学习方法，效率就会提高。他先学理论架构，然后是系统，最后掌握案例，就能循序渐进地学下去了。郝总有一个观点，我至今记忆犹新。他鼓励年轻同志要多值班，我们设立这个岗位，目的是发现问题、解决问题的，不能因为我们造成问题。这些年我始终想着郝总说的话。卫星是自动运行的，业务是自动开展的，如果我们的操作和处置不对，比如前一天做了一件事，但没做完就走了，相当于给别人'挖'了一个坑，人就成了问题。郝总非常重视年轻人的学习。当时，东方通信卫星公司的人来自各单位借调、社会招聘，这些人基本上都被安排在一线值班。郝总鼓励我们结合工作实践写文章，发表自己的观点和见解，然后编辑成论文集供大家学习分享，这对我们的成长很有利。那时，科技委每年下达课题，每个部门都要领一个题目来研究。我们很受益于这种做法，从评职称到后来评奖，这几年我有3个研究项目获得了国家专利，第一个是《一种卫星干扰源地面搜测系统》，第二个是《一种基于任务自动调度算法发射载波的方法》，第三个是《适用于卫星地面站测距信道检查方法》。当年郝总创立的论文集制度，从东方通信卫星公司被带到了卫通集团，带到了中国直播卫星有限公司，最后带到卫通公司。郝总离开东方通信卫星公司后经常回来看望大家，那时他已经到中国通信企业协会工作了，公司遇到一些技术问题时还会请他来帮忙，还请他当专家。"

栗欣后来离开测控站，担任了公司业务部副经理，肩负起管资源、管秩序、管服务的重任。管资源就是管转发器，分配好转发器，用好转发器；管秩序就是不能乱用转发器，要严格执行配备好的频点，不能用错频率，上传信号质量要合规，地面站设备对准卫星，既不能多也不能少，多了干扰别人，少了影响通信质量；管服务，就是售后服务，比如下雨了，干扰信号出来了，是用户加大功率还是我们改变参数，用户发起请求，我们来响应，用户可能会占用其他转发器，获取非法利益，业务部必须及时发现、及时处理。

赵悦说："我来东方通信卫星公司时，感觉公司像学校一样，领导对我们要求很严，对年轻人很负责，给出国机会，让我们长见识、开眼界。郝总经常责成办公室和工会举办活动，外地员工节日值班的，还有送温暖活动。像我这样的小员工，郝总第二次见面能叫出我名字，郝总离开公司很长时间了，还能记住我爱人的名字，我们家里的情况他都了解，让人感到很温暖。我们公司的好事儿，郝总总是想着测控中心，有了出国培训或学习名额之类的机会，郝总常说给卫控吧，我们的奖金也多一些。那时，组织活动可以带家属，不占用公司过多资源的，像春节前聚会，带多少家属都行。外地疗休只允许带一个家属。郝总很时尚，是公司里最早置备数码相机的，经常给我们照相。真想念在东方的日子。"

郝为民与公司总工程师姚发海

杨学猛是国防科技大学学导弹的，来到东方通信卫星公司，正赶上"中卫-1号"即将发射之期。他初识郝总，就觉得他待人和善。记得在接受入职培训时，郝总问他，什么是卫星的有效载荷，如果不认真培训，很容易被他问住。郝总经常来测控站检查工作，他鼓励小杨做好卫星测控，增长才干，将来挑起重担；鼓励测控站在测控方面做深、做精，为测控多想办法、多创新。这么多年过去了，杨学猛依然牢记郝总的话，他觉得那时是他生命中最好的时期。杨学猛带领大家研发了一个地面系统测控平台软件，系统能够按照要求、限制条件、日期、时间，自动生成工作计划，大大提高了卫星运行分析、操作的效率和准确性。而原来制作计划前，工程师要到各个部门了解情况，先制订计划，再人工编写计划。郝总对此系统给予了很高的评价，还对小杨他们进行了奖励。小杨开始当测控站副站长，发现他做领导不如做业务专家好，后来公司就让他当高级技术总监，作用发挥得很好。他协助杨旭解决了许多"中卫－1号"卫星的重大、疑难问题，是站里技术拔尖的青年才俊，是多年的先进工作者。

杨旭说："东方通信卫星公司走的是一条有利于人才成长的道路，即自己的资源，自己管理，不用委托单位，服务最可靠。卫星在太空运行，有天体干扰，如流星雨、太阳黑子等，大家第一次遇到这种情况很紧张，我们调整太阳帆板，使其不正对着流星雨方向，在发电效率和安全上取一个平衡。郝总经常对我们说，把一颗卫星打到天上去，买卫星的钱、买火箭的钱，买发射服务的钱，买卫星保险的钱，算下来就有20亿元，一旦承载了业务，价值就会翻好几倍，卫星测控日常管理何等重要，我们公司最大的资产在天上，这不允许我们有丝毫的懈怠。"

在东方通信卫星公司这样一个人才济济的地方，如何用待遇留人，是郝为民特别在乎的一件事。在创制公司薪酬体制时，股东双方意见不一致。实施完全市场化的薪酬制度，条件不具备也行不通。郝为民在美国发现他们的分配很灵活，就提出东方通信卫星公司的分配机制能否与西方相结合，如果薪酬超过股东单位则不能通过，太低了又留不住人。最后，公司基本参照保利集团的做法，实行了相对灵活的薪酬政策。除了薪酬外，东方通信卫星公司给员工购买商业保险，先实行市场调查，制订了详细的实施方案，明确提出了限制性条款、企业和个人缴费，干满5年才能拿到，离开公司不能全都拿走，员工退休后有一顶"金降落伞"。东方通信卫星公司的员工福利有特色，除了实行集体休假外，"六一"儿童节还组织小朋友开展活动。当年测控站建设时，东北旺一带很荒凉，周围都是农田，为了保证员工安全上下班，公司开设了班车，缓解了大家的舟车劳顿。

员工住房也是个大问题，卫星没有发射、没有业务、没有收入，公司没有条件解决员工住宿，该议题连续两年提交股东会讨论都没获批，机会在1998年卫星发射成功后来了。公司当时马上开股东会，拿出了方案，获得股东会批准，许多年轻的员工终于有了属于自己的住房。2001 年 12 月，根据郝总提议，东方通信卫星公司在发展管理上走上了规范化、科学化之路，一次性通过了 ISO 9001:2000 质量管理体系认证，完善了制度，梳理了流程，修补了"短板"，公司管理跨入了新阶段。

李洪明说："东方通信卫星公司在郝总的带领下，出了很多人才，有时郝总还亲自动手计算卫星的轨道参数，并且教年轻人，培养年轻人，选拔年轻人。孟子有人生三乐，即父母俱在，兄弟无故为一乐；仰不愧于天，俯不怍于人为一乐；得天下英才而教之为一乐。郝总也有孟子的情怀，更有追求人生三乐的行动。我们公司的骨干人才后来被航天系统挖走了不少，技术部有位员工被航天部五院要走了，现在五院负责轨道申请协调工作，工作很出色。在国家重大应急通信保障方面，卫星是其他手段代替不了的，汶川地震、全国应急通信演练，只有我们的保障水平最高。2009 年，东方通信卫星公司划归航天部，人员变动很大，但技术骨干没有动，姚发海、杨旭等一批骨干都没有动，他们有东方人的情怀；有军人的情怀，钻研且忠诚。"

东方通信卫星公司测控中心，就是由许多杨学猛、杨旭、栗欣、李娟、赵悦这样的优秀员工组成的，他们当年是郝为民的"弟子"，在郝为民的言传身带之下，成就了事业，成就了人生，测控站也成为公认的国内通信卫星测控行业龙头。

2003 年，卫星测控中心的轨道分析小组、安全检测小组荣获全国通信行业优秀质量管理（QC）小组奖。

2004 年至今，卫星测控中心多次荣获中央企业"青年文明号"称号和信息产业"青年文明号"称号。

2004 年，卫星测控中心的"卫星燃料箱温度压力收集改进"质量管理小组荣获全国通信行业优秀质量管理小组奖。

……

东方新纪录

　　李娟，1997 年入职东方通信卫星公司，现任中国卫通集团测控中心副经理。谈起郝总，她说起了一段往事："1998 年 5 月的一天，'中卫 –1 号'已运抵西昌，郝总对我们说，卫星测控站的人要分批去西昌发射中心，看一下'中卫 –1 号'卫星，增加对它的了解，建立感情，方便以后开展测控工作。我们怀着兴奋、好奇的心情来到了西昌，在发射场的一间厂房里，见到了'中卫 –1 号'卫星，它亭亭玉立在厂房中央，呈长立方体状，卫星的体积是 2.8 米 ×2.0 米 ×1.8 米，重 1374 千克。四周是很大的太阳能蓄电池帆板，在灯光照耀下泛着暗红色。它的周围密布着测试设备，一根根导线连着卫星，指示灯频频闪烁着，透着神秘莫测的气息。"李娟和测控中心的兄弟姐妹们看着"中卫 –1 号"，觉得它是那么漂亮，那么婀娜多姿，慢慢地，卫星在眼前就幻化成了他们的孩子，在遥远的万里长空，陪伴它、呵护它，看着它成长，与它经受历练，与它共享喜悦。"西昌认亲"对李娟他们未来的工作产生了很大的影响。

　　卫星发射一周以后进入同步轨道，定点后开始向地面传递数据，收到信号后，卫星就进入了运营阶段。李娟他们的工作是接收数据，判断卫星"健康"状况，有问题要实时处理，有的要长期跟踪监视，发指令、调配置、做切换；还要定时测距、定轨，因为卫星不会老老实实地待在固定轨道和定点位置上，它会漂移，通过测距可以发现漂移程度。测距是连续 24 小时进行的，人员对数据综合分析后，才能判断出卫星在轨情况，这一工作的作业量很大、很繁杂、很琐碎，那时还没有自动测距系统，都是人工操作，一小时一测，都在整点进行。卫星发射当年，洛克希德·马丁公司测控的工程师在现场支持，1999 年以后就没有了。大约在 2000 年，太阳质子（太阳敏感期干扰）事件发生，值班员报告卫星地球敏感器告警，这是"中卫-1号"上天后第一次告警，大家很紧张，郝总也闻讯赶到了。李娟那时在工程师团队，负责卫星电源和载荷分系统监控，姿态调整分系统由杨学猛负责。大家都来到了现场，测控站主任杨旭将工程师团队的分析和建议汇报给郝为民。郝为民和大家一起研究分析告警状况，列出告警的含义和原因，再一一排除，最后确定是太阳粒子干扰，造成地球敏感器误触发，对卫星没有直接威胁。当时，没有美国专家现场指导，决定完全由东方通信卫星公司自己做。后来，洛克希德·马丁公司对处理结果表示了确认。

东方通信卫星公司测控站员工

卫星的重大操作，比如卫星南北机动，必须报郝为民或其他领导，审批后才能执行。现场工程师团队先把操作程序准备好，几点几分发哪一条指令，再检查哪一个遥测数据，星上的哪一个遥测点，数据符合标准就意味着操作成功了。每次重大操作郝为民都亲临现场。根据地面指令，卫星分别启动东西推进器或南北推进器。卫星上的火箭点火时间是有选择的，因为卫星的遥控链路会受到干扰，会影响卫星指令的传递和卫星的机动调整。

"星蚀"是卫星必须应对的严峻考验，也是测控站最为紧张的时刻。一般情况下，通信卫星的太阳能电池帆板都在阳光照射之下，转换的电量足够转发器和卫星平台使用。但在每年春分和秋分前后，地球处在太阳和卫星中间，在一条直线上，太阳能电池帆板的阳光就会被地球遮挡，不能发电，卫星耗能全依赖蓄电池供电。如"星蚀"期电池放电超时，容量不够，卫星就会触发保护机制，停掉一部分电子设备的热备份，最后是关闭部分转发器，转发器是最耗电的。卫星出了阴影区后，继续发电，多余的电能被分流或消耗，以保证电子器件的寿命。春分和秋分的"星蚀"期各有45天，最长的遮挡时间大约每天72分钟。"中卫-1号"运行20年，经历了40个"星蚀"期，蓄电池从没有出过问题，天地间通信始终畅通！

通常，卫星的蓄电池容量充分考虑了"星蚀"因素，因此，卫星在寿命初期没有问题，基本可以安全渡过"星蚀"期，但卫星进入寿命末期，安全模式往往会出问题，产生大量告警。"中卫-1号"运行15年左右，表现出了明显的寿命末期症状，操作员判断后通知工程师，即使半夜，工程师也会赶来，按照应急恢复预案来操作，与洛克希德·马丁公司在线联系，探讨原因和解决办法。

我在卫通公司看到一本《中国东方通信卫星公司员工论文集》，里面有专门的篇章论述"星蚀"期的测控要点，包括"星蚀"前的准备工作，提交"星蚀"预报表，卫星分析员创建、检查"星蚀"期用到的所有文件，复习去年"星蚀"

期所做的操作，准备"星蚀"期的一些应急程序等。"星蚀"期间的主要操作包括：电源系统监测、充电效率的调整、电池容量饱和值调整等。《论文集》还对"星蚀"期间遗留的问题提出操作建议。

"日凌"是通信卫星需要逾越的又一道险关。每年春分和秋分前后，太阳运行至地球赤道上空。在这期间，如果太阳、通信卫星和地面卫星接收天线恰巧又在一条直线上（为卫星本地时 12 点整），那么电磁波对于人造卫星的影响也就最为强烈，严重的会造成卫星信号传输出现障碍，地球上的卫星接收系统在接收到卫星信号时也接收到大量太阳辐射杂波，无法识别有用信号，造成信号质量下降甚至通信瞬间中断。"日凌"每年发生两次，每次延续若干天。对于静止卫星通信系统来说，"日凌"一般是难以避免的，地面测控人员所能做的，就是提前准确地预报"日凌"时间，并通知用户做好应对准备，调整好"日凌"期间的通信业务。栗欣对计算和预报"日凌"时间很有研究，他推演出了简单有效的计算公式，培训用户学习掌握，力争将"日凌"风险降到最低。

1999 年 12 月 10 日，信息产业部部长吴基传、中国电信总局局长张立贵视察了东方公司测控站，"中卫-1号"自定点运行一年多来，进行了 30 多次南北调动，20 多次东西调动，平均每周实施一次南北调动，每两周实施一次东西调动，确保卫星定点精度保持在 ±0.05 度。经过测控人员的努力，"中卫-1号"安全渡过了 1998 年的秋季"星蚀"期。吴部长仔细查看、详细询问，

卫星测控站外景

听着测控人员肯定的回答，他深感欣慰，邮电部门自己送上太空的卫星看来很不错，眼前是一群完全可以信赖的人。

1999 年 8 月 18 日，根据天文部门的预测，狮子座流星雨将爆发。狮子座流星雨，被称为流星雨之王，一般来说，流星的数目大约为每小时 10 至 15 颗，但平均每 33 至 34 年狮子座流星雨会出现一次高峰期，流星数目可超过每小时数千颗。这个现象与坦普尔·塔特尔彗星的周期密切相连。流星雨可能对航天器造成威胁。流星群颗粒大都很小（小于 1mm），但速度极高，相对地球的运动速度为 71km/s，是子弹初速度的 100 倍。如果较大颗粒或结构较坚实的颗粒高速撞击人造卫星或其他航天器，很可能造成严重后果，如舱面被击穿，探测器损坏，太阳能帆板受损，电子器件因等离子体放电而失效，甚至整个航天器被击毁等。东方通信卫星公司在流星雨到来之前，进行了充分的准备，包括及时与天文部门联系，跟踪了解并掌握流星雨动态，与其他卫星操作者交流有关情况，及时向用户通报情况，制订流星雨期间卫星工作计划，实时监控卫星工作状态等，使"中卫 -1 号"安全渡过了流星雨危险期。

"中卫 -1 号"——东方之星，是一颗长寿之星，美国人认为它的寿命是 15 年，2013 年就该"寿终正寝"了。但它却很健康，整整延寿了 5 年，超期服役了 1825 天！这是诞生在东方的新纪录，足以让中国自豪！

通信卫星寿命与许多因素有关：电子器件的老化周期、卫星的机械强度的衰减、太阳能电池帆板效率，但最关键的是卫星储备的燃料。因为几万千米之外的卫星，在多重作用力下绕地球运转，不会老老实实地定在预定的轨道上，它会发生南北漂移，从而造成运行平面与地球赤道平面出现夹角，造成卫星与地球不同步。它还会发生东西漂移，脱离预定轨道。这些都直接影响天地通信，直接影响用户通信质量。所以，相关人员需要不断在东西、南北两个维度调整卫星，使其时刻保持在规定的轨道上。当然，实际的卫星控制要复杂得多，我们还是用卫星专用术语来通俗地描述。卫星轨道控制有三种途径：一是倾角控制，一是偏心率控制，一是精度控制。倾角是卫星与赤道面的倾角，要控制在 0.05~0.1 度之间，越小越好。偏心率控制就是要控制卫星的运行轨道是正圆形，不能成为椭圆，椭圆程度太大了震荡就会大；偏心率是一个无量纲的数值，是一个比值，标志轨道正圆形的程度，也是越小越好。精度控制就是将卫星锁定在预定经度（卫星在地球同步轨道上运行，定点在东经 87.5 度）±0.05 度范围之内。

公司召开董事会研究工作

卫星定点准确与否，直接影响用户通信质量。气象卫星属于遥感卫星，北斗卫星属于导航卫星，铱星属低轨道卫星，遥感、导航和低轨道卫星不都在赤道轨道上，对卫星调整没有同步卫星那么难。

"中卫 -1 号"之所以寿命延长，主要是因为其偏心率控制不断被调整和优化。最核心的南北控制，要消耗掉 80% 的卫星燃料。南北调整的是卫星的主分量，如果不以节省燃料为优先，而是以节省工作量为优先，控制间隔就会拉大，从盒子底端一下调整到盒子顶端，这样做最节省工作量，但不是最省燃料的做法。东方通信卫星公司的测控人员为了延长卫星寿命，哪怕半夜或者凌晨，只要是计划确定的时间，就要调整，操作人员辛苦一点儿，节省了星上燃料，卫星就会增寿。究竟是为了自己省时，还是为了卫星延长寿命，是两种不同的工作模式，也是两种价值观。杨旭说："我们的精打细算，短期内根本看不出来效果，只有到了卫星寿命末期才能显现出来，所以我们干的是良心活儿，是对公司长远利益有利的事情。下班前我们将所有操作做完回家，可是这些操作对卫星来说有可能不是最优的；节假日停止对卫星操作，人放假了卫星操控也放假了，但卫星就像我们的孩子，你要精心地抚养它，饥一顿饱一顿，孩子不可能长得好，人省事了，卫星寿命就短了。所以急功近利、图省事的短期行为，无法使卫星延寿，这都是郝总教导我们的职业精神。"

2019 年 6 月，卫星测控中心李娟应我要求写了一篇简短的卫星延寿文字，摘要如下。

影响静止轨道通信卫星在轨寿命的因素主要有剩余燃料、卫星平台设备和载荷的可用性和可靠性等，在对卫星进行长期管理过程中，我们的工作目标是既要让有限的卫星寿命发挥出最大的效能，又要确保在卫星寿命结束时能够将卫星送到"坟墓轨道"，避免其成为静止轨道垃圾。"中卫–1 号"设计寿命 15 年，实际超过 20 年，除了卫星质量好之外，与测控管理人员采取的合理的长期管理策略和行之有效的延寿措施也密切相关：一是在卫星整个寿命期内，在燃料使用上精打细算，对燃料使用精确到 10 克量级，每一次轨道机动、动量卸载，坚持使用节省燃料策略，而这种策略对操作人员来说更加困难和复杂，如午夜、凌晨不能睡觉。虽然每次节省的燃料不多，但一点一滴的积累，20 年节省的燃料就很可观了。测控站为"中卫–1 号"建立了账本，完成每一个操作，都有精准的计算、精确的统计。二是在卫星寿命末期，启用地球目标控制模式，所谓

东方通信卫星公司一支朝气蓬勃的队伍

地球目标控制模式，是针对倾轨运行的卫星，提高天线对地指向精度，卫星可以自动补偿轨道倾角带来的天线指向偏差，满足业务使用要求，将卫星燃料消耗降至最低，这样既满足了业务使用需要，又节省了燃料。三是对卫星健康准确把握，实时监视卫星下传数据，定期对各分系统设备进行全面检查。"中卫-1号"在寿命期内发生过若干设备故障，通过卫星寿命末期健康评估，测控管理人员明确了在哪些情况下卫星能够继续工作，在哪些情况下必须结束使命使其离开工作轨道，确定了卫星离轨所需燃料，从而实现了对剩余燃料的充分利用。

节省燃料的具体措施如下：

1. 定期进行氧箱、燃箱相关温度、压力等参数的精确计算，深度优化燃料剩余质量计算模型；

2. 选取最佳的南北、东西位保时刻，避免额外的燃料消耗；

3. 深入分析、评估卫星推力器性能表现，充分利用南北位保对经度的耦合，实现燃料的高效、节约使用。

杨学猛提供的节省卫星燃料策略是：同步轨道通信卫星经常采用的控制窗口范围是 ±0.05 度或 ±0.1 度，控制窗口只涉及东西方向，以 ±0.05 度控制窗口为例，将整个控制窗口划分为三个区间，区间 1 是容差区间，综合考虑南北对东西耦合影响，测距定轨的不准确量以及日、月引力产生的短周期扰动；区间 2 是偏心率区间，主要用于容纳偏心率引起的卫星轨道经度日振荡（幅度为 ±2esinM，即正负 2 倍偏心率，单位是弧度）；区间 3 是平经度漂移区间，主要用于容纳在给定的东西控制周期内地球引力场引起的卫星平经度漂移。

2001 年上半年，在中国通信业重组的前夜，身兼中国通信学会卫星通信委员会、中国卫星通信与广播电视用户协会技术委员会及国际电联 SG4 国内对口组主任和组长的郝为民感慨万端，提笔给吴基传写信：东方通信卫星公司自成立后，经过三年建设期的艰苦努力，克服了技术、外交等方面的重重困难，特别是面临当时中国卫星发射连续失利、轨道位置即将丢失、空间段资源严重短缺的困境，圆满完成了卫星、火箭的谈判、监造和多项协调工作，完成了卫星发射的保险、轨道协调和卫星测控站建设工作，培养了水平较高的测控及运营、管理队伍，圆满完成了卫星接替及公网服务。在卫星发射后的 3 年时间里，公司顺利完成经营转型，国内卫星通信市场占有率达到 25%，居第一位；开发了很多国际客户。公司经济效益逐年提高，2001 年完成收入计划的 130%，达到 2.1 亿元，比 2000 年增长 50%，人均创造产值 450 万元。卫星发射 3 年多来，经历了多次外层空间事件，执行了数百次的控制操作，一直处于良好状态，公司成为国内唯一能够对自有卫星进行控制的公司。希望在即将到来的公司重组中，尽量保持中国东方通信卫星公司的名称和品牌，员工得到合适的安排，充分发挥他们的积极性和工作经验。

2003 年，68 岁的郝为民就要离开东方通信卫星公司，到中国通信企业协会履新。回首在东方通信卫星公司的 8 年历程，他难以割舍他的同事们。他在《东方通讯》上发表了《企业文化漫谈》："东方通信卫星公司成立初期，在第一次董事会上通过了'团结、开拓、敬业、高效'的企业精神。几年来，全体员工在上级和董事会领导下，努力实践企业精神，克服重重困难，三年胜利完成公司组建，三年完成经营转轨，取得了较好的经济效益和社会效益，得到了业界认可。在以后的两年中，在股东变更和电信环境大变化的环境中，公司继续践行企业精神，实现了国有资产的保值增值，连续两届获得'中央国家机关文明单位'称号，2002 年获'全国创建文明行业工作先进单位'称号和'国家级管理现代化创新成果'二等奖；8 年来累计获得上级奖项 24 个。

1984 年 4 月 8 日，我国依靠自己的力量发射了首颗试验通信卫星，1998 年 5 月 30 日，承载着无数人希望与辛劳的'中卫-1 号'卫星顺利升空，为我国及亚太地区的卫星通信事业创造了一个又一个不平凡。在中国卫星通信发展史上，定会有人能够感受到我们的努力。几分责任、几分荣誉，他们付出了，也收获了，无怨无悔。

当翻开记忆的时候，我们总会惊喜地发现，原来的同事、同学、战友离我们那么近、那么亲，那么令人难以忘记。在一张张合影中，总能寻找出那么多欢声笑语的舒心日子，那么多苦乐共享的快乐时光。在新的电信体制环境下，'东方人'将发扬'团结、开拓、敬业、高效'的企业精神，再接再厉、开拓创新，为我国卫星事业的发展与腾飞，为了东方星光更加灿烂，贡献自己的力量。"

"为了东方星光更加灿烂"，多么豪迈的语言，多么神奇的梦想，这是对郝为民内心深处的完美表达。

2002年，中国东方通信卫星有限责任公司编写了一本《纪念画册》，画册前言写道："这是一个飞速发展的时代，一个充满机遇和挑战的时代，一个全世界瞩目于东方的时代。"郝为民收到了员工送给他的《纪念画册》，画册散发着油墨的香味，东方通信卫星公司全体人员在画册扉页上写上了这样的话：深深感谢您为东方通信卫星公司立下的汗马功劳。全体员工签字。2003年年底，继任者吴劲风执掌中国东方通信卫星公司。

"中星-12号"于2012年发射进入东经87.5度轨道位置，"中卫-1号"几次被调整轨道位置，继续为它的主人工作、创造效益。历史以不可遏制的脚步跨入了2018年，"中卫-1号"成了风烛残年的老人。它频频出现险情，甚至是大片告警，操作台上红灯闪烁，各个分系统指标全部在下降。这就是卫星进入寿命终期的现象。测控站的姐妹们、兄弟们知道，"中卫-1号"与他们永别的日子就要到来了。

20年来，这个东方的宝贝，有时会"伤风感冒"，发起脾气来，也会让"保姆"们操心和担忧。20年，它渡过了40段"星蚀"期，经受了流星雨和太阳风暴、十几次单粒子事件的严峻考验，为国家、公司创造了巨额的财富，为测控站赢得了无比的尊严，塑造了东方通信卫星公司的卓越品牌……

2018 年 6 月 12 日，"中卫 -1 号"开始离轨操作，星上的助推火箭启动，10 天后，即 6 月 22 日，"中卫 -1 号"被推到了高于同步轨道 300 千米的"坟墓轨道"上。这一天，大家不约而同地来到了卫星测控站，与远隔数万千米外的"爱子"作最后的道别。他们与"中卫 -1 号"朝夕相处了整整 20 年，须臾都不曾离开过，它的脾气、秉性，大家都清清楚楚，他们心中是多么不舍、多么惋惜，今天起，它就要孤独地消失在茫茫宇宙之中了。当操控员下达了离轨命令后，李娟、赵悦、杨学猛等在场的许多人都流下了热泪。

"中星 -12 号" 2012 年在西昌发射时，郝为民应邀去西昌观看了发射，但"中卫 -1 号"离轨操作时他没有来测控站，因为当时他躺在北京 301 医院的病床上，无法与这颗凝聚了他太多心血的"爱星"作最后的告别。

一颗中国星在东经 87.5 度轨位闪亮着，"中卫 -1 号"消失了，东方通信卫星公司的一项新纪录诞生了！东方依然星光灿烂！

第十一章

忠恕人生

有两句格言，很能概括郝为民的一生：生命是一条艰险的峡谷，只有勇敢的人才能通过。内容充实的生命就是长久的生命。我们要以行为而不是以时间来衡量生命。

郝为民，生在旧社会，成长在新中国，在漫长的人生长河里，从懵懂少年到小军校生，从投身邮电到为此奋斗了整整六十个春秋，不论是祖国的和平建设时期，还是动荡岁月，他奋斗的脚步一刻都没有停歇，使自己借助时代的洪流，一次又一次登上了理想的彼岸。郝为民既是一个普通人，又是一个不平凡的人，他独特的成长经历和长期自勉、自修的过程，造就了他超凡的品格，这些品格可以集中地被概括为：对事业的执着，对党和国家的忠诚，对欲望的鄙薄，对时代、对亲人、对朋友真挚的爱。郝为民很低调，他所做的事情甚至与他很亲近的人也无从知晓，直至他生命的尽头。原中国东方通信卫星公司总会计师李洪明说："郝总身上有惊天动地的事迹吗？找不到。但像郝总这样的老头儿你根本就找不到！他在东方通信卫星公司的八年，是辛苦工作的八年，是不讲报酬的八年，是奉献的八年，是倾心育人的八年，他做的事情，都值得你回味很久，都经得起时间的检验。"

一如深埋在地下的宝石

漫漫的重压与黑暗

难改璀璨的本质

经历岁月的雕琢

依然光彩熠熠

……

在过去的一年多时间里，我像个考古工作者那样去发掘、去发现郝为民，想让这块深埋的宝石发出光彩。

善以待人

　　我所见到的郝为民的同事、同学、朋友，领导和下属，都说他是个好人，我相信郝为民是个善良的人，而善良的心就是太阳，这是法国大作家雨果说的。

　　在北京邮电学院的日子里，郝为民无私地帮助了同寝室的小陈同学，这个同学家庭非常困难，母亲生病，弟弟妹妹年幼，完全靠国家资助上大学，可是他年纪小，不会安排生活，有时会吃了上顿没有下顿，上半月吃肉，下半月连汤也喝不着。郝为民是调干生，可以申请调干助学金，他当时的工资80多元，但要赡养母亲，按说申请百分之百的调干助学金并不为过，可是他觉得已脱离了工作岗位，没有创造价值，国家正是建设时期，用钱的地方多，就申请了60%的助学金，每月领48元，除去寄母亲生活费20元外，剩下的用于自己的校园消费。我在郝为民的日记中多次看到他对党和国家调干制度的感激，看到他时刻提醒着自己：我是一名党员、学生干部，绝对不能在生活上搞特殊，给党的政策关怀造成不好的影响。所以他手头很紧，从不乱花钱，跟班里每月享受十几元助学金的同学生活水准完全一样。他把节省下来的钱，都用在了帮助同学上。小陈同学不会安排生活用度，郝为民就把他的助学金管起来，用多少给多少，实在不够了，郝为民就给他填补上。小陈的眼镜坏了，郝为民就出钱给他买新的；小陈元宵节不回家，郝为民就请他到校外的小饭馆里吃元宵，每人吃 5 个元宵。50 多年后，已经 80 岁的小陈同学依然记得那次吃元宵的甜美感觉。大学毕业后，小陈同学主动要求到内蒙古大草原来工作，很可能是因为郝为民也来到了大草原。20 世纪 80 年代时，小陈同学感念郝为民，从内蒙古寄来 400 元钱，还附上一封信给郝为民，说这是迟到的感谢。郝为民回信说："我从未想过要你还，再说我也没有帮助你这么多钱啊！"郝为民的善几乎贯穿了小陈同学的一生。小陈同学的老伴患病以后，已经身患癌症的郝为民，躺在病床上嘱咐妻子姚凤英给他汇去了 1000 元，小陈同学眼含热泪，舍惚比他更需要钱，又把 1000 元寄了回去。当他获悉他最尊敬的兄长郝为民谢世的噩耗，十分悲痛，又不能来北京吊唁，就选在郝为民遗体告别的这一天早晨，让儿子搀扶着自己登上了内蒙古集宁市最高的老虎山，在集宁战役烈士纪念碑广场，面对着北京八宝山的方向，烧了三炷香，鞠了三个躬，祈祷郝为民在天国路上，平平安安。

郝为民不仅帮助小陈同学，其他同学有困难，他都会伸出援手，帮他们买饭票、交学杂费之类的。

郝为民参加北京邮电大学五十周年校庆活动

如果说以上是郝为民的小善，那么他还有大善。郝为民主政中国东方通信卫星公司多年，填补了中国卫星通信事业的很多空白，将中国的通信卫星发展推向

244

了新时代。他兢兢业业地工作，把一个创办仅几年的公司，发展成为经济效益、企业管理、人才培育方面成绩卓越的公司。他始终恪守勤俭办企业的宗旨，不该花的钱一分都不花，用于员工利益、员工福利的钱，只要符合政策，用多少给多少。用于员工培训的钱他从来不心疼。在他离开东方通信卫星公司总经理岗位时，他对班子成员说，公司账户上的钱，足够公司未来发展和员工生存发展需要的，要管好这些钱，把它用在刀刃上。20世纪90年代，北京邮电大学举行大规模校庆，北邮校友纷纷捐款母校，有人对郝为民说，以东方通信卫星公司的名义捐些钱，既风光又体面。郝为民却不为所动，以自己的名义悄悄地捐了2000元。

20世纪70年代，在内蒙古集宁进行技术革新时，自治区发了奖金，他对项目贡献最大，本应多拿些奖金，但他却坚持平分奖金，绝不多占一分。

两袖清风

姚凤英说，我家老郝不要大收，多少收一点儿，我们家就发财了，就早换房子了。她说得没有错，郝为民在电信总局、东方通信卫星公司时，或掌握着几十亿元资产，或掌握着重大项目的采购决策权，还多次作为专家参加重大采购的技术和商务谈判，具备权钱交易的条件，但是郝为民没有贪欲的基因，始终把国家、企业利益置于至高无上的地位，为国家省了很多钱，为企业争取了很多利益。他在生前接受我的访谈时，谈到人为什么会出问题、犯错误，他说根本原因就是欲望太重了，党性和正义被贪欲左右了、覆盖了。欲望是人身上的魔兽，是潘多拉盒子，一旦打开，人便不可救药了。有人找到郝为民，给他介绍了一位声名显赫的人物，希望与通信行业开展一些合作，郝为民思虑再三还是婉言谢绝了。

晚年郝为民

郝为民难道就真的无视物质的存在

吗？他究竟是怎么想的？有一件事情显露了郝为民的心结。一次他和妻子去参加一个国际通信设备展览，在北京新展览中心举行，刚好遇见了一个与郝为民公司有生意往来的外商，他半是玩笑半是认真地对姚凤英说："郝夫人啊，回去劝劝郝先生，谈判时手下留点儿情，别砍得太狠了，让我们也有点儿钱赚。"外商走了，郝为民对姚凤英说："别听他说得可怜，他们的钱没少赚，你要真的做了让步，达到了他们的目的，赚了大钱，他们不但不会感谢你，还会说你傻，从心里看不起你！"姚凤英见过一些与郝为民打过交道的外商，都说郝先生是中国人里面最棒的！郝云鹏说，爸爸不是想着自己的利益，跟外商谈判从不留情面，但外商反而更加尊重他，特别是技术上合作的人对他评价很高。

后来，国务院特殊津贴颁给了郝为民，他对妻子说："这个钱我拿得才心安理得。"

康德说："有两种东西，在我心灵中的赞叹和敬畏历久弥新，一是我头顶浩瀚灿烂的星空，一是我心中崇高的道德准则。"郝为民怀着对党的事业、国家利益的敬畏之心忠诚地履行着职责，以党的纪律和法律的准绳自觉地约束自己的行为。

1995年，郝为民退休了，离开了邮电部电信总局，到东方通信卫星公司任职，那时，"中卫－1号"还没发射，企业没有经营资源、没有业务收入，完全靠股东经费运行，郝为民身为总经理，没有工资，只是按月领取1700元的工资差额，连车马费都没要过一分钱。后来，东方通信卫星公司发展起来了，卫星上天了，有了收入，有了利润，员工的工资都上调了，他依然坚持只领补贴，不拿工资。他对同事说，我是公司总经理，不能因私废公。后来，总会计师李洪明提出建议，提请公司董事会研究总经理的工资问题，并写好了报告，最终还是被郝为民压下了，不上报更不研究，还说这是自己的底线，绝对不能触碰。在东方通信卫星公司效益最好的时期，郝为民每月依然只领取几千元的补贴，是班子里劳动报酬最低的高级管理人员。再说用车，郝为民筹备东方通信卫星公司的时候有一辆旧车，是保利集团配的，已跑了十几万千米，直到他离开东方通信卫星公司前一年，车实在跑不动了，公司才买了一辆新车。

郝为民在美国作为访问学者期间，内蒙古自治区按月给他支付生活费400美元。这些钱维持日常用度很困难，他挑最廉价的房子住，每月也要花费200多美元，剩下100多美元吃饭，他只能买最便宜的食品。其他同学外出打工弥补生活费不足，可郝为民把全部精力都用在了学习研究上。郝为民在美国最后一年，协助导师做一些工作，布鲁斯答应每月给他500美元补助，他觉得钱不少，就让姚凤英找内蒙古科委的主管处长周芳波，把每月400美元补助退了，他在美国也三番五次地给内蒙古科委来信，还把收到的生活费寄还给科委。周处长很为难："这钱已经支出了，怎么收回啊？会计也不知道在哪里下账。"科委从来没有办过这种事情。周处长就把美元又寄给了郝为民，邮费还是周处长个人出的。姚凤英对郝为民说："人家都希望涨点儿生活费，你怎么还要退生活费？"郝为民说："导师给我的劳务费足够用了。"姚凤英说："导师给你的钱不是还没有到手吗？等钱到账了我再给你退款行不行？"郝为民说："导师的钱很快就到账了，你赶快退掉吧，听我的！"在郝为民的坚持下，他一年的生活费被退掉了。姚凤英说："老郝这人很轴，认定的理儿就一定要做，八头牛都拉不回来。"

姚凤英说："我们是1996年搬进北京朝阳区的，老郝已退休。后来他所在单位又建了新房，给一些老干部改善了住房，我就让老郝去找有关领导，老郝不去，我要去，老郝坚决不让我去。信息是老郝在岗时的秘书传过来的，具体什么地点，多少套房子我们都知道，老郝就是不为所动，我们始终住在当时的房子。"

清廉和无私是孪生兄弟，这话在郝为民身上得到了充分体现。他在电信总局工作期间，有位美籍华人找到邮电部，找到电信总局，说美国有一颗通信卫星偏离了轨道，但仍然能用，而且是免费的，只要建一些地面站，就可以继续利用这颗卫星开展通信业务。而且地面站设备价格很便宜，希望与电信总局合作开展业务，还承诺了很多额外的"好处"。郝为民仔细地研究了这个问题，详细计算了卫星轨道参数，发现如想维持这颗卫星在中国境内的正常通信业务，至少需要建设几千座地面设施，需要投入巨额的资金，卫星一旦出现问题，将造成巨大损失。郝

郝为民作为专家参加"中星五号"卫星工程验收

为民代电信总局起草了处理意见上报了部领导。本以为这件事就过去了，哪知这个美籍华人手段不一般，国务院都知道了这件事。郝为民列席了总理办公会，当着中央领导的面，详细陈述了邮电部的意见。中央领导听得非常认真，还不时插话询问，郝为民肯定作答。最后，中央领导说："这件事情我听明白了，以后不要再议了。"

郝为民敢于直言，特别是面对国家利益的时候。他在电信总局、在东方通信卫星公司期间，参加了很多重大采购项目的专家评审，从来不隐瞒自己的观点，从来不拿原则进行交易。不仅如此，他还教育身边的同志，东方通信卫星公司退休职工茹燕鲲，当年是卫星测控站基建负责人，当时，郝为民对他说："老茹，现在社会上的事情你也清楚，你现在大权在握，知道什么该做什么不该做吧？千万不能做后悔的事情啊！"茹燕鲲牢记郝总的话，管好了公事，管住了自己，没让别人说过半个不字。领导信任他，退休后返聘他，还让他承担很重要的

工作。

原电信总局局长栾正禧先生，说起郝为民时，充满感情，他说："郝局长人品很好，工作很认真，上班下班考虑的都是工作。他的政治品质不错，不追求什么物质利益，也没有什么欲望，脑子思考的都是工作上的事情。他是个很好的共产党员，党性很强，政治上很成熟。他初来电信总局担任总工程师，主管技术和农村电话工作，工作扎扎实实。

郝为民参加首届增值电信业务研讨会

1992年，单位给他加了行政职务，担任电信总局副局长，我根据他的特长安排他主管国际通信网络、卫星通信网络的规划和建设。他的担子很重，每天下班很晚，我就让业务处李颖任郝局长的兼职秘书协助他工作，让郝局长腾出时间抓大事情。郝局长还组织了全国卫星网络布局、网络组织，提出建议在广州建设了卫星地面站，促进了以北京、上海、广州为主体的通信卫星网络的形成。郝为民对党忠诚，对事业尽责，从未利用职权牟取个人私利。他是一个很宽厚的人，与部属、上级关系融洽，乐于帮助别人，一点儿官架子都没有，基层单位对他的评价很高。我听到郝局长去世的消息很震惊，他走得太早了，他本来身体不错的。"说到这时，栾正禧眼含泪光。

2017年7月，郝为民参加了单位组织的一次常规体检，做了癌症筛查，他也没有认真看体检结果。姚凤英问有无问题，他说没有事，"三高"没有，心脏也没有问题，其他的没有大事。后来姚凤英发现他咳嗽不断，体温血压都很正常，就是不断地咳嗽。姚凤英找出了体检表，请医生看了，上面写着肿瘤标志物指标高出正常值 0.5。他的体内发现了癌细胞！再进一步检查，确诊为肺癌，而且是晚期，而且是较难治愈的鳞癌。2018 年，郝为民住进了 301 医院接受治疗，根据医生的建议，郝为民用了从中国香港买来的靶向药物，冷链运输到北京，一针就 1.7 万元，全都是自费药物。打了前两针有效，癌细胞缩小了，郝为民的生命之火重新燃烧起来，全家人都很高兴。姚凤英对郝为民说："我什么都能舍得，我把房子卖掉给你治病，只要你能活下来！"后来再注射靶向药物就没效果了。最后，郝为民在医生劝说下接受了化疗，结果身体一下就垮了。治疗期间，郝为民一直都不悲观，还在病床上看医学文献资料，说一定要坚持下去，争取再活几年，身体难受了也不说出来。后来病情恶化了，他就对医生说："没有意义了，别再给我治了。"

2018 年 8 月 29 日，82 岁的郝为民离开了他无比眷恋的世界。

为国工作六十年

郝为民在北邮读书时，就知道清华大学体育部主任马约翰有一句名言：为国健康工作五十年。到 2003 年，郝为民已实现了这一目标，为通信事业奋斗了整整五十年，当他离开东方通信卫星公司时，有些国外通信设备公司向他抛来了橄榄枝，以郝为民流利的外语，而且不止一种外语，还有他的通信专业水平，他的行事风格，他在业界的声望，还有他的口碑，谋个高薪差事不成问题。但郝为民对妻子姚凤英说："那些地方我不会去，给再多的钱也不会去。"郝为民没有去外资公司。2001 年，他去中国通信企业协会担任副会长，一干就是 12 年，其中 5 年担任中国通信企业协会秘书长，屈指算算，郝为民为国工作了整整六十三年。

郝为民的头衔很多：主任高级工程师，曾任信息产业部无线电频率规划专家咨询委员会委员，他还是工业和信息化部科技委常委，中

郝为民为电信企业评审论文

国通信学会常务理事、中国通信学会专家委员会专家、中国通信学会卫星通信专业委员会主任兼北京邮电大学客座教授、硕士生导师，国家减灾委专家委员会专家，曾任国务院国民经济信息化联席会议成员，以及 2000 年和 2008 年北京奥申委通信专家组专家。

1992 年 5 月 3 日，国家科学技术委员会聘任郝为民为第一届"八六三计划"通信技术专家领导小组成员，同时被聘为专家小组成员的有：钟义信（北邮教授）、孙玉（邮电部 54 所研究员）、谢麟振（北京大学无线电系教授）、程时昕（东南大学教授）、姚彦（清华大学电子系教授）、王行刚（中科院计算所研究员）、李正茂（中国电子科技大学副教授）、武士雄（北京邮电科学研究院高工）。

1995 年，郝为民被国家授予"有突出贡献的科技工作者"称号，享受国务院特殊津贴。

1996 年 3 月 21 日，邮电部党组批准，授予郝为民"成绩优异的高级工程师"称号。

郝为民从十几岁起就研究通信技术，在报刊上发表文章，他一生究竟写了多少文章，发表了多少文章，实在无法统计。仅在中国东方通信卫星公司期间，他参加论坛演讲、接受记者采访，为《人民邮电》报撰稿，连篇发表通信卫星的科普文章、探讨文章，出席研讨会的发言，在国内外报刊上发表的有关通信卫星的文稿就达百篇。他成了那个时期国内通信卫星领域的知名专家和通信卫星运营公司卓越的管理者。

1995 年，郝为民老骥伏枥，志在太空，在担任中国东方通信卫星公司总经理期间，首创了购买卫星竞争性谈判、设备监造、顾问咨询、发射保险、队伍建设、独立测控管理卫星的新模式。

2001 年，郝为民担任了中国通信企业协会副会长，2002 年起，担任中国通信企业协会秘书长，67岁的郝为民与秘书处的年轻人一样天天上班，天天忙碌，是大家公认的勤奋秘书长。在中国通信企业协会这个平台上，郝为民继续与他所钟爱的通信事业发生着千丝万缕的联系，继续与他熟悉的领导和同事交往，像春蚕一样继续为通信事业贡献着缕缕情丝。

21世纪初，中国电信重组尘埃落定，但是刚刚进入市场竞争的电信运营企业竞争秩序较为混乱。刚刚担任秘书长的郝为民，就接到了一系列任务。2002年，湖南省通信行业协会率先开展行业自律工作，配合通信管理局，组织通信企业签署行业自律公约。中国通信企业协会受信息产业部电信管理局委托，在这一年承办了"电信服务企业自律和政府监管研讨会"，200多人参加论坛及相关活动，其中不乏来自各电信集团及各省的电信公司领导、专家学者。会议围绕政府监管、互联互通、有序竞争、行业自律等问题进行热烈讨论。信息产业部领导认为：整顿电信市场秩序，需要各级政府、运营企业和协会组织的共同努力。与会者一致希望中国通信企业协会组织开展自律活动，维护市场的繁荣。在郝为民和秘书处的协调下，上海、江苏、湖南、辽宁、湖北、贵州、广西七个省（自治区、直辖市）的电信运营企业签订了行业自律公约，该模式很快被推广到全国。

2004年，中国通信企业协会在北京召开"国际通信业务交流研讨会"，通报了国际语音通信市场无序竞争问题，讨论了进一步规范国际语音市场秩序、遏制恶性竞争、联合打击非法国际来话等的行动意见，会议讨论成立由中国通信企业协会牵头、六大电信运营企业参加的"电信行业协调服务小组"，定期召开联席会议，增进企业间沟通与合作，实现共赢发展。郝为民主持起草了《国际来话电信业务自律公约》，各电信运营公司在公约上签字。

2005年，为解决电信卡类业务无序竞争问题，中国通信企业协会在北京召开"电信卡业务交流研讨会"，就如何协调企业间的竞争与合作，如何避免过度价格竞争等问题进行了深入讨论，会议通过了《电信行业电信卡业务低价倾销预警机制（试行）公约》。《公约》规定：各省级通信行业协会成立协调小组，对辖区内电信卡销售进行监督和预警。

中国通信企业协会不仅推进通信运营企业自律工作的开展，还开展通信建设和网络代维自律、光缆生产经销企业自律、增值电信服务企业自律等工作。郝为民在会长领导下，行走于基础运营商、设备制造商、建设工程集团，游说加斡旋，在座谈会上讲，在研讨会上讲，在中国通信企业协会年度会议上讲，在通信业高层发展论坛上讲，在通信行业发展成就展览上讲，竭力推进产业链的和谐发展，他希望他情牵梦绕的通信行业永远繁荣下去。

郝为民带领调研组进行通信产业链和谐发展调查

2010 年 5 月，中国通信企业协会受工业和信息化部（2008 年，信息产业部并入新成立的工业和信息化部）通信发展司委托，组织开展通信产业链发展状况调查。副会长郝为民、副秘书长钱晋群和中国通信学会通信设备专委会主任张庆东组成课题组，老领导朱高峰、周德强、刘立清担任课题组顾问。6 月 11 日，基础电信运营公司，以及华为、中兴、普天、大唐、长飞、富通、亨通公司，中移动设计院、中迅设计院，中通服、中通建等设计施工企业参加会议。课题主要集中在通信工程招投标和设备采购方面，旨在分析产生问题的原因，找出解决办法。郝为民他们马不停蹄地召开了 17 个座谈会，走访了 12 个企业，与公司高管、业内专家、基层干部广泛深入交流，征集到了很多建议。3 个月后，郝为民完成了《通信产业链和谐发展咨询报告》，上报工业和信息化部。

《通信产业链和谐发展咨询报告》以翔实的数据和事例，概括了中国通信产业链存在的问题，并指出通信产业链不和谐的主要原因，最后给出如下建议：1.建议工业和信息化部修订相关法规，对反向竞拍招标适用范围和操作规则进行规范，禁止对通信专用产品采用此种采购方式；2.禁止以低于成本价格竞标，对明显低于其他投标人正常价格投标报价或明显低于标底价格的报价，投标人又不能说明合理性且缺少证据的，不予中标；3.引导企业设置合理竞标权重，对于技术密集型产品和项目，价格权重不应超过40%；4.建议工业和信息化部尽快制定《通信建设项目招投标管理暂行规定实施细则》，保护企业间交易正当性、平等性；5.加强产品质量和工程质量监督检查和处罚力度；6.建议工业和信息化部同国资委推动建立基础运营企业科学合理的企业业绩考评体系，促进运营企业及产业链和谐、健康发展；7.建议企业加强自律，诚信守法经营；8.充分发挥行业协会作用，组织开展市场监督，建立信息发布平台，开展行业成本调查等，牵头组织制订行业自律公约，组织相关企业签约，承诺依法、诚信经营、公平竞争。

这是一份含金量很高的报告，特别是报告的建议部分，凝聚了郝为民小组以及很多企业的智慧，上报工业和信息化部以后，受到高度评价，一些建议被工业和信息化部采纳。

2007年，中国网通集团领导邀请中国通信企业协会来公司调研，希望中国通信企业协会帮助集团找出制约发展的症结，提出发展的建议。郝为民再次担纲课题组组长，小组主要成员有：刘彩（原信息产业部政策法规司司长）、高惠刚（原邮电部电信总局副局长）、赵泉雄（原福建省邮电管理局副局长）。在两个月时间里，调研组走访了集团相关部门和省级运营公司，走访了110人，还对网通集团三级经理以上干部、部分职工进行问卷调查；并在听取了吴基传、朱高峰及工业和信息化部相关司局和部分省（自治区、直辖市）通信管理局领导意见后，完成了《中国网络通信集团公司科学发展调研报告》（以下简称《报告》）。

《报告》提出了五项建议：一是加强企业发展战略研究，做好规划和实施工作。在业务发展、市场营销、品牌建设、业务创新、技术开发、网络建设、人才开发、财务管理及资源配置方面，制订具体措施，保证战略落地实施。二是落实转型战略，加快业务发展。稳定或延缓传统业务下滑，加快增值业务发展，进一步开发宽带市场，特别加大对于光纤到社区、楼宇、家庭和宽带无线接入的研究和应用。把系统集成业

郝为民受委托到网通集团开展科学发展调研

务作为今后新业务增长点之一，组建强有力的 ICT 专业队伍，支撑市场开发和服务保障。三是建设面向细分市场的专业化营销队伍，发挥营销费用对收入增长的拉动作用。四是处理好内控与发展的关系，以巩固和提高市场占有率，实现收入和利润持续增长为目标，适当调整利润和资本性支出考核指标。五是提升总部对基层的指导和支撑水平。

《报告》受到中国网通集团领导及相关部门的一致好评，他们认为《报告》把脉准确，提出的建议符合网通实际，操作性强，是一份不可多得的报告。

2008 年，国际金融危机席卷全球。

2008 年 10 月 23 日，工业和信息化部与国资委联合召开了"工业和信息通信产业部分行业协会负责人座谈会"，会议要求各行业协会提交金融危机对本行业产生的影响及对策报告，为国家制定"行业振兴计划"提供依据。会后，郝为民根据通信企业协会会长刘立清的指示，带队走访了数十家通信企业及研究机构，广泛征求各方面意见、建议，向工业和信息化部报送了《国际金融危机对我国信

息通信业的影响分析及对策建议》，《建议》包括：尽快发放 3G 运营牌照，加快国家宽带、三网融合、农村信息化战略实施；改善融资、税收、监管政策等。《建议》的部分内容体现在国务院发布的《电子信息业振兴规划》中。

2005 年，会长刘立清动议，由中国通信企业协会组织编纂一本分析和预测行业发展趋势的年度报告，即《中国通信业发展分析报告》。《报告》梳理错综复杂的变化，探寻行业发展轨迹，提出建设性意见，为政府决策和监管以及企业发展提供参考。副会长兼秘书长郝为民担任《中国通信业发展分析报告》专家组组长，负责全书总策划和编纂组织工作。

2007 年 7 月，汇聚全行业智慧的《2006 中国通信业发展分析报告》由人民邮电出版社出版，40 多位专家参加了编纂工作。吴基传、朱高峰、宋直元、谢高觉为本书顾问，主编刘立清，执行主编郝为民。全书 60 万字，编写人员大部分是专门研究机构人员，掌握大量数据，有较高的分析研究水平，提出的思想观点全面深刻，对行业发展做出的分析预测客观、准确，《2006 中国通信业发展分析报告》很受读者欢迎，不仅业内读者欢迎，业外专家学者订阅的也很多。

从此以后，编纂《中国通信业发展分析报告》成为中国通信企业协会的常规工作，从 2006 年到 2019 年，已编纂、出版、发行了 13 本报告，总发行量超过 2 万册。每年报告的主题、重点栏目、讨论的话题，都根据行业发展形势做出调整，《中国通信业发展分析报告》成为中国通信企业协会的优秀品牌产品。郝为民从 2006 年至 2011 年一直担任执行主编，承担了大量组织和案头工作，2012 年脱离中国通信企业协会工作后，改任专家组组长，继续为报告编纂操劳，做出了突出贡献。

郝为民任秘书长期间，指导秘书处创建了"门户网站"、《企协通讯》、中国通信企业协会标识，使中国通信企业协会的对外形象更加统一和规范。中国通信企业协会"三项评比""新春联谊会""行业发展高层论坛"活动，都有了新的发展，秘书处队伍建设也开展得扎扎实实。

中国通信企业协会第四届会长及秘书处领导成员，从左至右：杜肤生、张春林、刘立清、郝为民、王立杰

1999 年，国庆五十周年前夕，《人民邮电》报组织了《新声献给共和国》专刊，郝为民抒发了自己与祖国同发展、共进步的无限感慨：我终生不悔我的职业选择！50 年前，我国通信一穷二白，连一台单路载波机都造不了，我学的、用的都是外国设备。改革开放后，我作为较早一批留美访问学者，先后在 GTE 公司、斯坦福大学学习研究，深入研究了美国的通信网络结构，广泛接触了光纤、数据通信、卫星通信等先进技术。访问研究结束后，我的导师想留我在校任教，GTE 公司、AT&T 公司及美国朋友都劝我留下，保证我能过得很好。但我当时有一种很强的信念：回到祖国，发展祖国的通信事业。回国后，我一直从事国际通信、数据通信、卫星通信等技术管理工作，尤其关注我国通信网络规划。新中国成立五十年来，特别是改革开放以来的电信大发展，使我国拥有了世界上第二大通信网，有了一支技术精良的运营管理队伍，以及一大批掌握现代通信技术的专业人才。相信在 21 世纪，中国的电信网将一改过去在国际通信网中的"终端"地位，成为国际电信网络的枢纽。

1999 年，中国通信企业协会副会长兼秘书长郝为民接受记者采访，谈网络强国，谈对中国电信事业的观察与思考。

记者：今年年初，信息产业部提出电信强国战略目标，作为电信资深人士，您认为电信强国的核心指标是什么？或者说如何评价电信强国？

郝为民：建设电信强国，应注意三个问题，也是一个三维指标体系，X 轴代表数量规模、用户数量、产业价值链长度、市场占有率、旗舰企业的数量等。Y 轴代表质量，包括技术、服务、业务多样性、业务质量指标等。Z 轴代表电信网的安全性与可靠性。三维能力组成电信强国实力，三项指标都强了国家才能成为电信强国。

Z 轴问题的解决，需要国家、政府综合运用法律、行政、经济和技术的手段来协调。某些情况下，安全、可靠、灵活的网络往往与企业和消费者的近期利益不一致，但长远是一致的。越是全球化程度高，Z 轴的意义就越重要。

记者：在发展 XY 过程中，您认为发展宽带是提升 XY 的革命力量吗？

郝为民：现在进入了 FTTH 时代，电信运营商必须有自己的特色和能力，而不是单纯依靠业务竞争模式，就是说要靠实力竞争。

信息具有不可逆转性，与人的社会安全感紧密连接，网络应该具有较强的自愈能力和抗灾防害能力，与国家的总体战略目标相一致。

网络要有分层功能，在开展电信业务时，电信业务应能支持较复杂的运营，打破垄断，实现市场的有效竞争；同时，网络技术实施标准应简单统一，在紧急需要时，运营商能迅速并网，快速兼容，形成一张整网，保障国家安全和紧急通信需要。网络还要有冗余，天上、地下都要有。

记者：您在通信业发展高层论坛上说，2006 年前后将是中国电信业发展的关键期，面临诸多挑战，电信企业如何做？

郝为民：企业在上市问题上要慎重，很多成功企业不一定都上市，欧洲的几个很大的电信企业就没有上市，市场经济不完全是"上市经济"，上市后企业经营者对企业的控制力会减弱。

企业要适度安排上市资产占总资产的比例，保证既有利于建立有效的产权结构和法人治理结构，发挥激励约束作用，又能保障企业按照本国利益和自身长远利益发展。在开拓国际市场时，企业可能受到国际资本的阻挠，因为国际资本不希望用自己的钱把外国企业引到本国竞争。

2006年是国际电信业低潮期，也是国家政策和WTO机遇期。一方面，竞争加剧使企业利润率降低，另一方面，新技术出现需要增加投入。在企业收入分流、利润减少的情况下，企业对投入的时机和力度掌握非常重要，我担心到2006年，由于企业经营压力加大，会导致全行业亏损。

郝为民对通信行业的忧思是那么深沉和深邃。

2009年10月1日，天安门广场举行新中国成立六十周年盛大阅兵式，74岁的郝为民盛装站在天安门观礼台上，他是全国通信行业推举的10位行业观礼代表之一。郝为民神情庄重地看着威武雄壮的检阅队伍，听着战鹰划过天空的轰鸣声，似乎回到了40年前。他将国庆十周年阅兵和六十周年阅兵进行着比较，看到了自己为之效力了五十年的祖国发生的地覆天翻的变化，心中感到那么欣慰、那么自豪、那么激动，一边欢呼着，一边擦抹着夺眶而出的热泪。

郝为民工作的脚步终于停歇在2012年，年近八旬的老人，需要休息了，他依依不舍地告别了秘书处朝夕相处的同事，但他的内心，依然是澎湃的，依然是火热的，他依然关注着行业的发展，洞悉着行业的细微变化。

郝为民的一生，多么像鹰的重生。鹰活到40岁时面临死亡，爪已老化，喙变长，无法捕猎，翅膀沉重无法飞翔，除了死亡还有一条路，就是痛苦万状的重生。它要选择一处悬崖，第一步除去老化的喙，一次一次地在石壁上摩擦，把老化的喙皮彻底磨掉，不能进食，要不吃不喝等待新喙长出。第二步是用新喙将爪子上老化的趾甲一根根拔出，血滴在岩壁上，然后又是痛苦而漫长的等待。第三步用新爪拔掉身上又重又长的羽毛，待羽毛长出后，鹰完成了重生，新的喙、新的爪、新的羽毛，它能重新飞向蓝天，再活 30 年。

2018 年 1 月，中国通信企业协会第七任秘书长赵中新来北京 301 医院看望第四任秘书长郝为民，病房里静谧无声，郝为民安静地躺在洁白的病床上，手里拿着一张纸在认真地看，这是外孙女郝靓从美国写来的问候信，用英文写的，他一边看，还不时用铅笔在上面写着，修改着孩子的文法和词句错误，嘴角挂着微笑。他依然关注行业发展，依然关心着中国通信企业协会的工作。赵中新很了解郝为民，知道在过去半个多世纪的岁月里，这位老人经受了那么多的不屈与奋斗、心酸与幸福、苦难与辉煌，是一个非常有故事的人。赵中新秘书长蓦然生出一个想法，记录下郝为民与时代的故事，以郝为民为缩影，折射新中国成立 70 年来邮电通信业的曲折与飞跃、光荣与梦想，于是就有了这本《忠骨丹心——记郝为民先生》。

第十二章

远去的背影

歌德说："我们不会对死亡感到不安。太阳看起来好像沉下去了，实则不是沉下去，而是不断地辉耀着。"郝为民离去的背影越来越远，但是他依然辉耀着，他以高密度的人生经历积累了丰厚的精神遗产，他以半个多世纪的跋涉将一串串足迹留给了大地，他以仁心、忠诚、清廉将高尚永驻在生者心中。

父亲的爱

在大女儿郝云鹏眼里，父亲是个非常勤奋的人，她记得小时候，每次夜里醒来，总能看到父亲坐在小桌子前看书写字，似乎永远也不知疲倦。"爸爸几乎忙了一辈子，他对我说他最遗憾的是没有好好地陪伴我们。爸爸是个很有毅力的人。我那时参加数学竞赛，爸爸就挤出时间给我补习数学，后来我拿了奖，再后来考上了自治区重点高中，顺利升入了大学。"

爸爸经常跟我讲，"自己努力得到的东西才最快乐，才最珍贵。他鼓励我学英文，培养多种爱好，学钢琴、弹三弦，爸爸给我们做了榜样。他 7 点下班回家，吃完饭扫一扫地，就开始学习英文，碎片时间就听英文，听英语 900 句，爸爸不是最聪明的人，但一定是最勤奋的人，他靠着吃苦耐劳才取得了后来的成就。"

"爸爸非常热爱生活，具有内蒙古

20 世纪 70 年代的郝为民一家于呼和浩特

人质朴的品性，小区组织老年合唱团，他每个星期都去，很投入，没特殊情况从不缺席，他喜欢摄影，作品还得过老年奖。他对历史文化兴趣浓厚，一有机会就跟外国人谈古论今。出国学习时'公家'给400美元，后来我出国后才知道父亲当年是多困难。400美元只是我去一次超市的消费啊。"

"我有两个妹妹，丽丽和豆豆，我妈很独立，20世纪70年代住简易楼，没有电梯、没有暖气、没有煤气，煤堆在楼下，都是我妈往楼上搬煤，家里又没有男孩子，妈妈就说，男孩子能做的你们也能做，我们姐妹就用小桶往楼上运煤。"

郝为民一家，从左至右：二女儿郝云飞、大女儿郝云鹏、郝为民、妻子姚凤英、小女儿郝云翔

"爸爸很尊重我们的选择，上大学选专业，说我性格随和适合学习心理学，后来我上了医科大学。他鼓励我们出国看一看，说世界很大，井底之蛙只能看到一点点，出去才能开阔思想，长见识，学成回国能更好地为国效力。选择终身伴侣，主要看人品，只要人品好，钱多钱少不重要。"

"他把感情转移到了我女儿身上，鼓励孩子学习英文，2018年7月，父亲住进医院，我带着女儿的获奖文章（学校编了书）给父亲看，他看了非常高兴，一页一页全部翻译成中文，打印出来，送给亲戚朋友们阅读。爸爸一生好学，微信还是他教我如何使用的，他告诉我怎么在微信里放一些钱，花起来方便。2016年夏天，我回北京看望他，他每天都拖着一条伤腿陪我和女儿出去游玩，给外孙女讲这讲那。父亲很怀旧、重感情，记得有一年他去美国洛克希德·马丁公司开会，中间有点儿时间，让我拉着他到了斯坦福大学，去见他的导师布鲁斯先生和秘书海伦女士，还去他当年住的宿舍门前伫立了很久，连打扫卫生的工友他都问候一声。"

在小女儿郝云翔眼里，郝为民是循循善诱的长者，每当学习上出现问题时，母亲很急躁，有时还发脾气，可是父亲却很温和地说："丽丽，'知识就是力量'，不学习哪有本事啊，没有本事怎么在社会上立足，没有本事就是一个废人！"丽丽说："父亲非常关心我的学习，特别是英语学习，教导我学习的方法、学习的重点。我用过的课本、笔记本他都帮着整理保管起来，用的时候，他都能及时准确地找出来。"丽丽在郝为民晚年的时候与他出现了矛盾：按照约定，双休日丽丽夫妇要带着父母外出活动、吃饭。叫她往家里打电话，父亲说有朋友来访，这周就不出去了。下一周她再打电话时，父亲又说家里有事不去了，丽丽就觉得有些不对劲儿，回家一看，原来是母亲的腿受伤躺在床上。丽丽说："父亲当时连忙跟我解释，没告诉你们，一是没有大碍，二是怕影响你们的工作。我爸爸就是这样的人，事事想着别人，就是没有自己。"郝为民在职时，国内、国外去的地方很多，可那时他心里只有工作，后来，丽丽夫妇带着他出去旅游，本来是故地重游，郝为民却说这地方没有来过，不知道有这么多好玩的地方。

"爸爸的身体一直很好，如果他经常检查一下身体，多关心一下自己，及早治疗，也许就没事儿了。这也是我的过失，如果我多关心一下爸爸……"丽丽几乎要泣不成声了。

"我的爸爸，平凡而伟大。"

难忘恩师

郝为民是北京邮电大学教授，从 1996 年起担任研究生导师，当时他主持中国东方通信卫星公司的工作，那时公司正在忙于购买卫星，建设、组建队伍，那是他生命历程中最繁忙的阶段，郝为民像是上满发条的钟表，昼夜不停地忙碌着。他只能用晚上和双息日来指导研究生。学生们知道老师太忙，就到东方公司上课、沟通和交流。

樊晓东是郝为民 1996 年指导的研究生，他回忆道："我们 4 个同学是郝先生的研究生，通信与信息系统专业。我感觉先生是学术类型的人，第一次见先生的时候，中美正在谈判建设太平洋海底光缆，先生在这方面经验很丰富，给我们介绍谈判需要注意的问题，说'这些都是你们今后可能用到的东西'。先生在斯坦福任访问学者时，做了分组交换方面的研究，他告诉我们，今后不能总盯着传统电话网，那时是固定电话大发展，移动刚刚起步的阶段，装电话是以家庭为单位，申请的人多，而且要交初装费，电信局装机都忙不过来，线路资源也不够，交了费还要排队等配线。而先生那时就提出电信网演进方向一定是通信个人化、移动化、分组化，所以我印象很深。后来事实证明，先生的预判很准，现在就是这样的。我当时定的论文题目是国际通信网络话务流量分析，在先生的帮助下，我到电信总局国际通信处去调研、收集资料、做数据分析，去了东方公司十几次向先生请教，课题进展得很顺利，先生还表扬了我。我们和先生交往，没感到代沟，记得有一次，他让我们几个去他家，和老师、师母在一起吃饭、聊天，非常愉快，老师说我们唱歌吧，我这里有卡拉 OK 设备。他把机器、话筒弄好带着我们唱，我们几个唱歌都不太行，就跟着老师唱。师母说唱卡拉 OK 是老师的一个爱好。"

李志芳深情地回忆："郝老师为人正直善良、勤勤恳恳，他永远都面带微笑，我们能感受他微笑背后的对人宽厚，以及处事的乐观。老师当时在邮电部电信总局工作，后来又在卫星公司当老总，工作很忙，但时常邀请我们去他家做客，这是我们师兄弟、师姐妹最开心的时刻。1999 年 2 月我们毕业了，郝老师再次邀请我们去他家一聚，老师祝贺我们并期望我们能在各自的岗位上有所成就、有所贡献，我们都觉得心里很温暖。我毕业后出国工作了，5 年后再回北京，通过电话或微信与先生做些交流，每次打电话他总说，你们忙就不一定要来，现在想来我很是后悔。最后一次见到老师是 2017 年 1 月 31 日，没想到竟是永别。我当时在朋友圈发了一个帖子：我要给我的导师发个敬业福，勤勤恳恳工作到 78 岁直到眼睛不适合再看电脑！中国的固网、移动网、卫星通信、通信标准处处留下他的思想。一日为师终身为父，而师母更是无私地撑起家里所有事情，50 多年如一日支持老师全身心地投入工作，以此纪念。"

李志芳说："郝老师不仅传授我们知识，帮助我们提高能力，还教导我们学习古人修身齐家，做一个有深厚学养的人。"李志芳说得没错，我在阅读郝为民日记的过程中，看到他怎样去修身，怎样去学习，怎样去实践，怎样"勿以恶小而为之，勿以善小而不为"。印象最为深刻的是在 20 世纪 60 年代，二连浩特市广播局的一台设备坏了，先生受命去支援，看到那里的技术人员在忙碌着，看他们的检修程序和方法混乱，郝为民暗自着急，但他在一旁默默地观察。后来，广播局技术人员实在没办法了，郝为民才上手，按照检修程序一步一步地查，很快找到了障碍点并迅速排除。郝为民在当天的日记里写道："如果我到了现场直接上手检修，相当于夺了广播站技术人员展示技术的机会；如果我看到他们操作有错误直接指出来，他们就会感到很没有面子。等他们实在没有办法了，我再上手，他们就会记忆深刻，学到真本领。"这仅仅是先生几十年修身处事的沧海一粟。我联想到曾国藩的修身之法，不能确定郝为民生前是否读过关于曾国藩的书或《曾国藩家书》。但我觉得先生的修身之功一点儿不比曾国藩差。

刘斌同学回忆："老师给人印象最深的是和蔼可亲、平易近人，像家长一样关心学生的成长和发展。刚上研究生时，我和师兄、师姐们参观了老师所在的卫星公司，他详细地向我们讲解了我国卫星事业的发展和公司运营情况，我们了解和学习了学校接触不到的东西。在即将毕业那年，老师非常关心我们的就业想法，每次去找他审阅论文时，他都认真提出意见，鼓励我们运用北邮所学，为通信事业贡献力量。老师在退休之后，仍然不辞辛苦地为运营商讲座，那一年，老师来深圳移动讲座时，对行业历史和发展前景进行了深刻分析，包括我在内的移动员工受益匪浅。我与老师见面，他详细向我了解了移动公司情况，提出了很有前瞻性的建议，他特别对网络相关的技术工作越来越多地外包给第三方表达了担忧。他说网络是运营商的核心竞争力，网络建设、维护和优化这方面的技术不能丢。老师的一席话，包含着对通信行业发展的忧思，让我十分感动。"

以下是马光宇写的纪念老师的短文。

知道郝老师西去的消息是在 2019 年 2 月，晓东师兄在微信里告诉大家的，距离他老人家离世已 5 个多月。说起来我是有些预感的，2018 年教师节，大家在群里祝福老师时，郝老师没像往常那样及时回复。2018 年春节时，志芳师姐约我一起去看老师，可当时我放假带孩子外出未能同行，成了一件憾事。

1997 年秋天，我有幸师从郝为民教授，攻读通信与信息系统专业硕士学位。当时老师在东方卫星公司当总经理，我们每隔一段时间去老师的办公室，汇报近一段时间的学习情况、遇到的问题。老师对我们要求非常严格，每次都认真听我们的学习心得，对于学习和研究中出现的问题，他结合在通信行业的工作经验，及时给予我们指导和帮助，确保我们的研究方向不出现大的偏差。

我的课题选的是国际海缆，当时是国际海缆建设高峰期，中美海缆、亚欧 2 号海缆、亚太 2 号海缆相继建成投产。在老师的安排下，我和陶刚在课题关键阶段去上海崇明和广东汕头登陆站做了实地交流和研究，对课题研究起了重要作用。在撰写毕业论文阶段，郝老师给予了我们更细致的指导。有一次，针对海缆的远供问题，老师在百忙中和我们一起查阅资料、分析数据，为我们找到可行方案提供了很大的帮助。

后来，我们也建立了一个师生群，老师时常在群里通报他近期参加的活动，获得的信息和心得体会，并时刻关注着我们的发展。有一次，老师参观北邮新校区后，把学校的资料分享给我们，希望我们回母校看看。

和老师的最后一面是在我供职的公司，当时老师在中国通信企业协会任秘书长，带队来公司做企业诊断，课题结束时，郝老师代表课题组作诊断报告，年过古稀的老师依然精神矍铄、思路清晰，所列的问题切中要害。会议结束时我和老师见了一面，老师询问了我工作的情况后就匆匆作别。

学院路言传身教，西坝河欢聚时光。三年教诲仍受益，廿载师恩永难忘。

谨以此文纪念我的导师，郝为民教授！

郝为民年谱

1935 年 12 月 13 日，生于黑龙江省肇源县头台镇瓦房村。

1943 年，父亲郝庆瑞病逝，8 岁的郝为民（蒙古族名字为舍愣）与母亲相依为命，艰辛度日。

1947 年，郝为民和母亲在大哥（叔伯哥哥）的帮助下，迁居到内蒙古乌兰浩特（王爷庙）。

1949 年，14 岁的郝为民考入乌兰浩特市兴安中学，成为共产党组织的积极分子。

1950 年 10 月，抗美援朝战争爆发，中国人民志愿军入朝作战。郝为民响应党的号召报名参军，1950 年 11 月 3 日，到张家口中央军委工程学校无线电专业学习。

1952 年 9 月 9 日，班团支部书记王振亚介绍郝为民加入共青团。

1953 年 3 月 14 日，张家口工程学校毕业后，郝为民被分配到内蒙古自治区呼伦贝尔盟满洲里市邮电局载波室当机务员。

1955 年 7 月，国家建设集宁－二连浩特铁路，邮电部同期建设集宁－二连浩特国际长途线路，内蒙古自治区邮电管理局借调郝为民参加工程建设，一年后工程竣工。1956 年 1 月，郝为民转入二连浩特邮电工作，任载波室机务员，后任技术员。

1956 年 10 月 26 日，经二连浩特邮电局副局长陈玉海介绍，郝为民加入中国共产党。

1958 年 9 月，响应上级号召，郝为民报名参加北京邮电学院调干生入学考试，以优异成绩考入北京邮电学院有线系学习。

1959 年，郝为民担任院学生会副主席，军体部长。1960 年，北京邮电学院院报刊登了郝为民又红又专的事迹。

1961 年，郝为民担任北京邮电学院学生会主席，同年被评为北京市高校"五好学生"。

1963 年 10 月 30 日，大学毕业后的郝为民被分配到内蒙古自治区集宁市邮电局工作。

1964 年 10 月，因为郝为民既懂技术又懂俄语、蒙语，自治区邮电管理局调郝为民到二连浩特工作，以加强二连浩特的中俄国际通信工作。

1964 年 12 月 25 日，在二连浩特工作不到 2 个月，锡林郭勒盟邮电处调郝为民去锡盟盟委参加"四清"工作，担任四清工作通信专业队副队长，在四清工作期间，他对传统电报机进行技术革新，以晶体管开关电路取代继电器，改善了电报通信质量。

1964 年年底，郝为民到锡盟盟委四清工作办公室工作，多次深入牧区，与牧民同吃、同住、同劳动，经受了艰苦生活的锻炼，与牧民增进了感情。

1965 年 4 月 25 日，郝为民在集宁市与姚凤英结婚。

1966 年 8 月，四清工作结束，郝为民回二连浩特邮电局工作。

1967 年 3 月 12 日，母亲玲舍玛在黑龙江省肇源县瓦房村去世。

1969 年 8 月 31 日，郝为民调到集宁邮电局工作。

1970 年，郝为民和集宁局技术员郭如德等人创办工厂，生产电话线，满足业务需要，安排职工家属就业。

1973 年，郝为民被内蒙古自治区邮电管理局任命为集宁市邮电局副局长。

1973 年，邮电部桂林维护双革会议将集宁长途半自动接续设备列为向全国邮电部门推广的重点项目。

1973 年 7 月，郝为民在集宁牵头组织了半自动长途接续设备研制，在集宁－丰镇长途线路上安装试运行并获得成功，内蒙古自治区邮电管理局将这一成果推广到全自治区。

1973 年 12 月，内蒙古自治区邮电管理局调郝为民到呼和浩特通信设备厂工作，担任党委副书记、副厂长，负责生产技术工作。

1978 年，长途半自动接续设备在自治区科学大会获科技成果三等奖和全国科学大会奖励，同年，郝为民被内蒙古自治区党委授予"自治区先进科技工作者"称号。

1982 年，郝为民参加内蒙古自治区组织的出国访问学者资格考试，通过了考试。

1982 年，郝为民参加国家经委组织的考试，参加了日本海外技术者研修协会（AOTS）"工厂管理"训练班，学习 6 周，第一次接受了现代化企业管理培训。

1982 年 8 月，郝为民以邮电部工程师的身份，随邮电部代表团赴蒙古国协商恢复中蒙通信问题，郝为民兼任译员。

1982 年 10 月，郝为民以中蒙邮电联合设计组组长身份，参加中蒙边界通信线路勘察设计，代表中方在设计书上签字。

1983 年 8 月，郝为民赴美国 GET 公司进行为期一年的学习考察，先后考察了该公司在美国各地和意大利的制造厂和研发机构，全面了解美国通信技术水平和通信设备生产调测过程。

1984 年 8 月，郝为民结束 GTE 的学习考察，到美国斯坦福大学电机系卫星通信规划中心做访问学者，担任中国旧金山访问学者留学生联谊会负责人。在校主修分组交换、卫星通信和网络规划。

1986 年 8 月，郝为民完成了论文，获得导师的好评。

1986 年 8 月，郝为民应邀为斯坦福大学电机系研究生和卫星规划中心博士生作两次关于公众数据网规划与设计的讲座；9 月与妻子姚凤英在美国团聚。

1986 年 9 月，郝为民归国，在邮电部工业局借调一年。

1987 年 3 月，郝为民为清华大学计算机系研究生作分组交换数据网讲座。

1987 年 11 月，郝为民被邮电部任命为内蒙古自治区邮电管理局党组成员、总工程师。

1989 年 7 月 19 日，邮电部调郝为民担任电信总局负责人，主管电信科技、农村电话。

1989 年 10 月 27 日，郝为民陪同邮电部部长杨泰芳出访美国，签署《建设中日海底光缆备忘录》。

1990 年 2 月，中日海底光缆前期谈判开始，郝为民代表电信总局前往日本谈判，经努力降低了中国的出资比例。

1990 年 2 月 21 日，中、美、日在北京正式签署《建设中日海底光缆系统协议备忘录》，郝为民参加了签字仪式。参加签字仪式的有中国邮电部电信总局（DGT）、美国电话电报公司（AT&T）、日本国际电报电话公司（KDD）。

1990 年 8 月，邮电部成立"中日海缆办公室"，郝为民担任办公室副主任。

1990 年 8 月 13 日，在东京举行的《建设中日海底光缆协议备忘录》签字仪式上，中、日、美三方代表在备忘录上签字，朱高峰和张立贵代表邮电部签字。郝为民参加了签字仪式。

1991 年，郝为民率领电信总局代表团前往莫斯科谈判购买苏联卫星转发器事宜，签订了转发器租用合同，恢复了中国对东南亚地区的华语广播。

1991 年 9 月 10 日，邮电部组成 3 人小组（邮电部电信总局郝为民、王洪建、邮电部财务司刘旺金）前往美国夏威夷，与美国 AT&T 公司谈判购买环太平洋

TPC-5 光缆系统容量事宜。

1991 年 12 月 14 日，中日签订《中日海底光缆建设和维护协议》，中日海底光缆系统正式开工建设。

1992 年 5 月 3 日，国家科学技术委员会颁发给郝为民第一届"八六三"计划通信技术专家领导小组成员聘书，任期两年。

1992 年 5 月 23 日，邮电部任命郝为民为电信总局副局长兼总工程师，主管国际通信和数据通信。

1992 年 9 月，郝为民陪同邮电部部长杨泰芳出访美国。

1993 年 12 月 15 日，中日海底光缆投入使用，在上海和东京同时举行了盛大的开通仪式。郝为民代表邮电部在东京参加了开通仪式。典礼后还在 KDD 公司的院子里栽树，象征中日友谊。

1993 年起，郝为民参加国务院"三金工程"相关工作，代表邮电部发言，提出三金工程传输电路邮电部基本满足，防止重复建设。

1993 年，郝为民参加北京申奥工作，负责通信业务组工作，向国际奥委会评审小组用英语汇报申奥通信信息和广电准备工作，回答了评委提出的问题。

1994 年 7 月 26 日，邮电部召开部长办公会，同意成立广播卫星公司，不久，邮电部和中国保利集团成立"通信卫星公司筹备组"，郝为民任筹备组负责人。

1995 年 4 月 22 日，中国东方通信卫星有限责任公司正式成立，股东为邮电部和中国保利集团公司，郝为民任副董事长、总经理。

1995 年 8 月，中国东方通信卫星公司进入"惠天饭店"正式办公。

1995 年 8 月 18 日，在人民大会堂举行中国东方通信卫星公司与美国洛克希德·马丁公司签署"购买中卫-1 号通信卫星及测控系统合同"签字仪式，郝为民代表中方在合同上签字。邮电部部长吴基传、美国洛克希德·马丁公司董事长特勒普和中国保利集团常务副董事长李昌安出席了签字仪式。

1995 年，郝为民被授予"有突出贡献的科技工作者"称号，享受国务院特殊津贴。

1995 年 12 月，环太平洋海缆开通投产，中国再次拥有了一条海底信息大通道。

1996 年 3 月，郝为民率队前往洛克希德·马丁公司出席中美双方高管会议。

1996 年 3 月 21 日，邮电部党组批准，郝为民等 9 位同志为成绩优异的高级工程师，享受教授、研究员级的工资待遇。

1996 年 8 月 28 日，中国东方通信卫星公司举行卫星测控站土建工程奠基仪式，吴基传部长挥锹奠基。1998 年 5 月，测控站与"中卫 -1 号"同时投入使用。

1997 年，"中卫 -1 号"在美国洛克希德·马丁公司进行星箭对接试验。

1997 年，郝为民总经理率团赴英国伦敦进行卫星发射保险分保路演。

1997 年 4 月，郝为民率代表团赴美国洛克希德·马丁公司商业卫星制造中心考察。

1997 年 5 月 8 日，中国东方通信卫星公司与国防科工委签订"中卫 -1 号"卫星发射服务合同。

1997 年 6 月，中国东方通信卫星公司与中国运载火箭研究院签订"长三乙"火箭购箭合同。

1997 年 7 月，中国东方通信卫星公司总经理郝为民与邮电部财务司司长吴安迪、中国电信总局副局长倪翼丰赴美，与美国洛克希德·马丁公司协商有关问题，在肯尼迪宇航中心观看 GE 公司的 A2100 系列通信卫星发射。

1998 年 3 月，中国东方通信卫星公司全面实行了现代化用人机制，完成劳动合同签约，1999 年 12 月，完成双定双聘签约。

1998 年 3 月 27 日，"中卫 -1 号"经海运抵达中国上海，再由飞机运抵西昌卫星发射中心。

1998 年 4 月，根据国务院"三定方案"，中国东方通信卫星公司原属于邮电部的公司股权，划转给中国电信总局。

1998 年 5 月，中国东方通信卫星公司与中国人保和英国 Marsh 公司签署了卫星发射主保和分保合同。

1998 年 5 月 30 日 18:00，"中卫 -1 号"在西昌卫星发射中心发射进入太空。

1998 年 6 月 17 日，"中卫 -1 号"卫星定点在东经 87.5 度的地球同步轨道上，正式运营。

1998 年 6 月，中国东方通信卫星公司第五次董事会研究确定公司从建设期过渡到经营期的方针政策，参会人员有：李昌安、郝为民、王小朝、杜鹿军、齐彩云、倪翼丰、黄万泉、国强、曹凤林等。

1998 年 8 月，郝为民出席在韩国首尔召开的国际卫星组织会议并做报告，会后，美国 *Space News* 的记者对他进行专访，他发表了一系列中国发展卫星通信的战略思想及相关举措。

1999 年 10 月 1 日，郝为民在《人民邮电》报组织的《新声献给共和国》专刊中发表文章，回顾祖国五十年发展历程和自己的奋斗经历，抒发了对祖国通信事业的美好祝愿。

2000 年，经信息产业部推荐，郝为民参加北京申奥工作，担任 2008 年申奥委员会通信专家组组长、技术部部长。

2000 年 2 月 12 日，郝为民在北京电视台《通向 2008》节目中，提出"数字奥运、科技奥运"的理念。

2000 年 7 月，郝为民率团赴巴基斯坦签署"中卫 -1 号"转发器租赁协议。

2000 年 7 月 3 日，中国东方通信卫星公司公司迁入北京国贸商圈办公。同月，电信总局将公司股权划转给中国卫星通信集团公司。

2000 年 8 月 15 日，美国洛克希德·马丁公司结束现场技术支持，中国东方通信卫星公司独立实施"中卫-1号"测控管理，成为当时国内通信卫星运营企业唯一自行对卫星实施控制的企业。

2000年9月15日，中国东方通信卫星公司与中国电信集团公司签署"中卫-1号"卫星转发器租赁协议。

2001年起，郝为民担任中国通信企业协会副会长，直至2012年。

2001年，中国东方通信卫星公司对"中卫-1号"卫星用户进行客户满意度调查，满意率达到99%以上。

2001年，中国东方通信卫星公司与长城工业总公司共同组团赴越南争取越南卫星采购顾问咨询项目。

2001年12月，中国东方通信卫星公司一次性通过ISO 9000:2000国际质量管理体系认证。

2002年1月9日，中国东方通信卫星公司自行投资建设的16米C频段A标准通信站建设项目竣工。

2002年3月17日，中国东方通信卫星公司参与实施的四川移动"应急移动通信系统"卫星VSAT工程正式开通，圆满完成了四川省"桃花节"通信保障任务。

2002-2006年，郝为民任中国通信企业协会秘书长。其间主持编纂了《中国信息通信业发展分析报告》，牵头组织了《通信产业链和谐发展调查研究报告》《中国网通科学发展调研报告》《国际金融危机对我国信息通信业影响分析及对策建议报告》，上报工业和信息化部，部分内容被纳入国务院和原信息产业部相关文件。

2004年，郝为民应邀到美国斯坦福大学作中国通信业发展成就、国际电信发展趋势讲座。

2018年8月29日，郝为民在北京病逝，享年82岁。

后记 ▶

　　2018 年 3 月，中国通信企业协会启动《忠骨丹心——记郝为民先生》纪实文学图书的编写工作，成立了由协会副会长兼秘书长赵中新同志担任总编辑，孙明海同志担任执行副总编，其他有关人员共同组成的编写委员会。中国通信企业协会启动这项工作，不仅仅是因为郝为民同志曾经担任过协会副会长、秘书长，更因为郝为民同志为推动中国通信行业的进步与发展做出了积极贡献，他身上体现出的勤奋敬业、无私奉献、刻苦钻研、勇于担当、坚守初心、矢志不渝的可贵精神，我们认为应当总结提炼，并传承、发扬下去。

　　郝为民同志生在旧社会，长在新中国，在党的关怀哺育下，由一名自幼贫寒的蒙古族少年，成长为一名通信领域颇有建树的高级知识分子。他于 1963 年在北京邮电学院上学期间，作为北京市的"五好学生"亲耳聆听了中央领导的教诲，之后在各个工作岗位上的突出表现也多次得到相关领导的肯定。可以说，郝为民同志的一生都奉献给了祖国的通信事业。在本书编写初期，郝为民同志已经身患癌症，带病接受采访，与编写委员会回忆通信业的发展与其经历的点点滴滴。编写委员会根据郝为民同志的成长经历，走访了其生活、求学、工作的各个地方，采访与其生活、交往、共事的家人、朋友、同事等，历时近 20 个月，形成了今天的《忠骨丹心——记郝为民先生》一书。

　　郝为民同志为国家、为通信行业辛勤工作 63 年，即使躺在病床上，依然关心通信事业的发展，拳拳之心令人感动。非常遗憾的是，郝为民同志于2018年8月29日溘然长逝，未能亲见《忠骨丹心——记郝为民先生》一书成稿。郝为民同志虽然离开了我们，但他丰富的精神遗产应当被总结和传承，作为我们正在深入开展的"不忘初心、牢记使命"主题教育的生动教材，同时也作为新中国成立70周年的献礼。

原邮电部部长、信息产业部部长吴基传对本书的编写、出版和发行十分关心与重视，认为总结郝为民精神、出版本书是一件很有意义的事情。《忠骨丹心——记郝为民先生》一书的总编辑赵中新同志对采访协调、框架构思、出版发行等工作投入了很多精力；执行副总编孙明海同志到各地、各单位采访，为本书的编写付出很多艰辛；与郝为民同志生活、学习、共事的家人、朋友、同学和同事为本书的编写给予了诸多帮助和鼓励。在《忠骨丹心——记郝为民先生》付梓印刷之际，我代表中国通信企业协会，向吴基传老部长、向编委会全体成员以及在资料收集、接受访谈、文稿审读过程中给予关心、支持和帮助的各位同仁表示衷心的感谢，也向人民邮电出版社各位编辑在出版过程中的付出表示诚挚的谢意。

苗建华

2019年9月